영한대역 제네바교회 요리문답

The Catechism of the Church of Geneva (1545)
By Rev. John Calvin (1509~1564)

Translated from the Latin ed. (1815)
By Rev. Elijah Waterman (1769~1825)

Translated from the English ed. (2015)
By Rev. Se Min Kim (1967~ )

영한대역 제네바교회 요리문답
(English-Korean Translation of the Catechism of the Church of Geneva)

초판 1쇄 인쇄 2015년 7월 25일
초판 1쇄 발행 2015년 7월 30일

지은이 존 칼빈
편역자 김세민
펴낸이 金泰奉
펴낸곳 한솜미디어
등 록 제5-213호

편 집 박창서, 주승연
마케팅 김명준
홍 보 김태일

주 소 (우143-200) 서울시 광진구 구의동 243-22
전 화 (02)454-0492(代)
팩 스 (02)454-0493
이메일 hansom@hansom.co.kr
홈페이지 www.hansom.co.kr

ISBN 978-89-5959-425-2 (03230)

*책값은 표지에 표시되어 있습니다.
*잘못 만들어진 책은 구입하신 서점에서 친절하게 바꿔드립니다.

【영한대역】

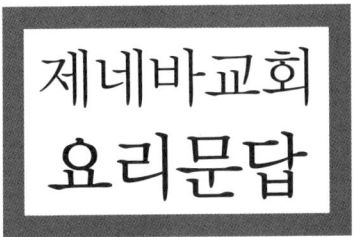

English-Korean Translation of
THE CATECHISM OF THE CHURCH OF GENEVA

김세민 편역

● 저자 : 존 칼빈
(John Calvin, 1509~1564)

프랑스 노용(Noyon)에서 태어난 칼빈은 마틴 루터와 함께 16세기 종교개혁의 중심인물로 개혁주의, 칼빈주의, 장로교 신학의 토대를 마련한 위대한 신학자다. 55년이라는 길지 않은 생애 가운데 약 25년을 스위스 제네바에서 목사로 제네바 교회를 섬기면서 교회를 개혁하고 바른 신앙으로 인도하는 일에 헌신했다.

칼빈은 많은 성경 주석과 신학 논문과 편지를 남긴 교회사에 길이 남을 저술가다. 특히 26세의 젊은 나이에 『기독교 강요』 초판을 출간하고 계속 수정 보완해서 50세에 최종판을 출간했다. 『기독교 강요』는 오늘날까지 기독교 고전 중 고전이요 기독교 신학의 정수로 인정받고 있다. 또한 그는 어린이들의 교리교육을 위해 『제네바교회 요리문답』을 프랑스어판(1541년)과 라틴어판(1545년)으로 출간했다.

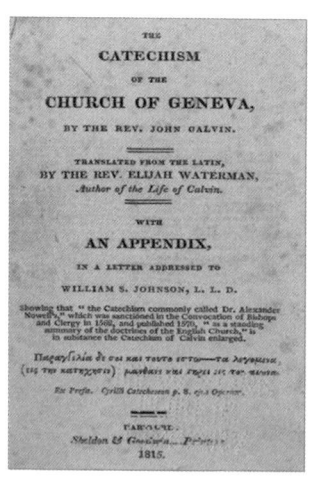

● 영어 편역 : 엘리야 워터맨
(Elijah Waterman, 1769~1825)

미국 코네티컷 주(州) 보즈라(Bozrah) 출생으로 예일대(Yale College)를 졸업했고, 티모시 드와이트(Timothy Dwight)와 조나단 에드워즈(Jonathan Edwards)의 지도 아래 신학을 공부한 후 1794년에 코네티컷 주 윈덤(Windham)에 소재한 제일교회(First Church) 목사가 되었다. 약 10년간의 목회를 마치고 뉴 밀포드(New Milford)에서 2년 정도 임시 목사로 섬기다 브리지포트(Bridgeport)에서 약 20년간 목사로 섬겼다. 그는 여러 간행물에 글을 남겼으며 대표적인 출간물은 다음과 같다. 『신시내티 장교협회 회원들에게 한 연설』(An Oration before the Society of the Cincinnati, 1794), 『윈덤 제일교회 100주년 설교』(A Century Sermon at Wind-ham, 1800), 『존 칼빈의 생애와 저술』(Life and Writings of John Calvin, 1813), 『제네바교회 요리문답』(The Catechism of the Church of Geneva, 1815).

● 한글 편역 : 김세민(1967~ )

경기도 용인에서 하늘마을장로교회를 개척하고 목회를 하고 있으며, 현재 미국장로회(PCA) 한인남부노회에 소속되어 있다. 칼빈신학교(현 칼빈대학교)를 졸업했고 미국에서는 베일러대학교(Baylor University) 신학대학원(George W. Truett Theological Seminary)에서 목회학 석사(M. Div.) 학위를 취득했으며, 메리 하딘-베일러 대학교(University of Mary Hardin-Baylor) 심리/상담 대학원에서 심리학 석사 학위(MA)를 취득하고 기독교 결혼/가족상담사 과정을 수료했다. 역서로는 부흥과개혁사에서 출간한 '잘못된 기독교 분별 시리즈' 『포스트모던 신비주의와 이머징 교회의 도전』과 『다른 복음을 전하는 교회들』이 있으며, 저서로는 『교리가 이끄는 삶: 경건과 개혁을 위한 기초교리 학습교재』(Band of Puritans), 『그리스도가 이끄는 삶: 하이델베르그 요리문답 학습교재』(Band of Puritans), 『성경이 이끄는 삶: 성경 일독을 위한 가이드 1100題』(한솜미디어)가 있다.

| 목차 |

편역자의 글 / 10

# PART I. The Doctrines of FAITH
# (제1부 · 믿음에 대한 교리)

제1장 하나님을 아는 삶(Life in the Knowledge of God)/ 18
제2장 하나님을 아는 지식(The Knowledge of God)/ 22
제3장 사도신경과 삼위일체 하나님(The Apostles' Creed & the Trinity of God)/ 26
제4장 창조주 하나님에 대한 믿음(Believing in God, the Creator)/ 32
제5장 예수 그리스도에 대한 믿음(Believing in Jesus Christ)/ 38
제6장 예수 그리스도의 직분(The Offices of Jesus Christ)/ 44
제7장 하나님의 아들 예수 그리스도(Jesus Christ, the Son of God)/ 48
제8장 예수 그리스도의 죽음(The Death of Jesus Christ)/ 54
제9장 예수 그리스도의 십자가(The Cross of Jesus Christ)/ 58
제10장 예수 그리스도의 고통(The Agony of Jesus Christ)/ 62
제11장 예수 그리스도의 부활(The Resurrection of Jesus Christ)/ 68
제12장 예수 그리스도의 승천(The Ascension of Jesus Christ)/ 72
제13장 심판주 예수 그리스도(Jesus Christ, the Judge)/ 76
제14장 성령에 대한 믿음(Believing in the Holy Spirit)/ 80
제15장 교회에 대한 믿음(Believing in the Church)/ 84
제16장 교회에 대한 지식(Knowing the Church)/ 88

●●● 영한대역 제네바교회 요리문답

제17장 부활과 영생(Resurrection & Eternal Life)/ 92
제18장 참된 믿음(True Faith)/ 96
제19장 믿음으로 말미암는 의(Righteousness by Faith)/ 100
제20장 선행(Good Works)/ 104
제21장 회개와 율법(Repentance & the Law)/ 110

## PART II. The Doctrines of THE LAW
(제2부 · 율법에 대한 교리)

제22장 제1계명(The First Commandment)/ 116
제23장 제2계명(The Second Commandment)/ 120
제24장 하나님의 질투와 자비(God's Jealousy & Mercy)/ 124
제25장 제3계명(The Third Commandment)/ 130
제26장 제4계명(The Fourth Commandment)/ 134
제27장 안식일(The Sabbath Day/The Lord's Day)/ 140
제28장 제5계명(The Fifth Commandment)/ 146
제29장 제6계명과 제7계명(The Sixth & Seventh Commandment)/ 152
제30장 제8계명과 제9계명(The Eighth & Ninth Commandment)/ 156
제31장 제10계명(The Tenth Commandment)/ 162
제32장 이웃 사랑(Loving Neighbors)/ 168
제33장 율법의 기능(The Functions of the Law)/ 174

# THE CATECHISM OF THE CHURCH OF GENEVA

【 PART III. The Doctrines of PRAYER 】
【 (제3부 · 기도에 대한 교리) 】

제34장 하나님을 향한 삶(Betaking Ourselves to God)/ 182
제35장 참된 기도(True Prayer)/ 188
제36장 확신 있는 기도(Praying with Confidence)/ 194
제37장 주기도문(The Lord's Prayer)/ 200
제38장 아버지 하나님(God, the Father)/ 206
제39장 첫 번째 간구와 두 번째 간구(The First & Second Petition)/ 212
제40장 세 번째 간구(The Third Petition)/ 216
제41장 네 번째 간구(The Fourth Petition)/ 220
제42장 다섯 번째 간구(The Fifth Petition)/ 226
제43장 여섯 번째 간구(The Sixth Petition)/ 232
제44장 하나님이 기뻐하시는 기도(Prayer Pleasing to God)/ 238

【 PART IV. The Doctrines of THE WORD OF GOD 】
【 (제4부 · 하나님의 말씀에 대한 교리) 】

제45장 하나님의 말씀(The Word of God)/ 246

## PART V. The Doctrines of THE SACRAMENTS
## (제5부 · 성례에 대한 교리)

제46장 성례(The Sacraments)/ 254
제47장 성례의 목적(The Purpose of the Sacraments)/ 260
제48장 두 가지 성례(The Two Sacraments)/ 266
제49장 세례(Baptism)/ 268
제50장 유아세례(Infant Baptism)/ 274
제51장 성찬(The Lord's Supper)/ 280
제52장 떡과 포도주(The Bread & the Wine)/ 284
제53장 영혼의 양식(The Food for Our Souls)/ 288
제54장 합당한 성례(The Lawful Use of the Sacraments)/ 292
제55장 교회의 질서(The Order in the Church)/ 298

| 편역자의 글 |

 종교개혁자 존 칼빈(1509~1564)은 선지자들과 사도들의 가르침에 기초한 신앙의 요강이 없는 교회, 즉 교리가 없는 교회는 곧 무너질 수밖에 없는 교회라고 했습니다(『기독교강요』 4.2.1). 오늘날 한국 교회를 바라볼 때 내적인 신앙의 성장을 위한 열심보다는 화려하고 웅장하고 튼튼한 건물을 자랑하고 조직적인 외형을 과시하는 경향이 두드러지고 있어 안타까운 마음을 금할 길이 없습니다.
 한국 교회의 이러한 면을 바라보는 일반 사람들에게 비치는 교회는 어떤 모습일까요? 아마도 어떤 특정 '교회당에 다니는 신자들의 집합체'로 비칠 것이 분명합니다. 우리가 잘 알다시피 예수님의 공생애 당시 유대인들 역시 대부분 그런 모습이었습니다. 그들은 절기 때마다 예루살렘 성전에 '다녔고' 안식일마다 회당에 '다니기'를 당연한 삶으로 받아들였지만 진정한 성전인 예수 그리스도를 거의 알지 못했습니다. 그들은 건물 중심의 신앙을 가지고 있었습니다.
 2천 년 전 그리스도를 외면한 성전과 회당 중심의 신앙은 중세의 성당 중심의 신앙으로 이어졌고, 현재는 교회당 중심의 신앙으로 이어져 오고 있습니다. 심지어 신자들의 집을 담보로 은행 대출을 받아 교회당을 건축하거나 부족한 건축 비용을 충당할 정도로 건물을 세우는 일에 매달리는 모습도 간혹 보게 됩니다. 결국 이러한 건물 중심의 신앙은 행위로 말미암는 의를 추구하는 세속 신앙으로 귀결되어 교회의 참 모습은 사라지게 됩니다.

우리는 건물이 아닌 그리스도 안에(ἐν Χριστῷ) 있어야 합니다. 크고 좋은 건물 안에 있는 것이 참다운 교회의 모습이 아니라 그리스도 안에 있어야 진정한 교회입니다. 명문 학교는 건물로 만들어지는 것이 아니라 진리를 가르치는 순수함과 열정으로 가득한 교사와 그 가르침을 토대로 자라나고 꽃을 피우는 학생들의 열매에 있다는 사실로 볼 때, 하나님의 교회를 섬기는 직분자들은 교회가 건물 속이 아닌 그리스도 안에 존재하도록 힘써야 할 것입니다. 우리는 칼빈이 『기독교 강요』에서 프랑스 왕 프란시스(Francis) 1세에게 쓴 헌사에 인용한 힐러리 주교(Hilary of Poitiers, 300~368)의 충고를 되새겨야 합니다.

> 한 가지 충고합니다. 적그리스도를 알아채길 바랍니다. 여러분이 건물의 벽을 사랑하는 일에 사로잡혀 있는 것은 불행한 일입니다. 건물을 하나님의 교회로 알고 경외하고 있으며 건물 안에서 평안을 찾고 있습니다. 이러한 건물 속에 적그리스도가 자리 잡게 될 것이라는 생각이 들지 않습니까? 내 생각으로는 차라리 산, 숲, 호수, 지하 감옥, 소용돌이치는 바닷속이 더 안전합니다. 왜냐하면 선지자들은 그런 곳에 살면서도, 그런 바닷속에 빠져 있는 상태에서도 예언을 했기 때문입니다.

그리스도 안에 있다는 것은 '사도들과 선지자들의 터'(에베소서 2:20)에 세워져 있는 것을 의미합니다. 즉, 모퉁잇돌인 예수 그리스도에 대한 확실한 가르침 위에 존재하는 것을 말합니다. 이를 다시 표현하면, 바른 성경적 교리에 기반을 둔 신앙과 삶이라 할 수 있습니다. 성경적 교리에 기반을 둔 신앙보다 인간적인 전통을 추구하고 미신적인 종교성에 심취되어 교회당에 '다니는' 신앙은 올바른 터 위에 세워진 신앙이라 할 수 없습니다. 우리는 '교회 다니는' 사람이 아닌 거룩하고 참된 '교회에 속한' 사람이어야 합니다.

칼빈은 『기독교 강요』(초판, 1536)를 저술한 후 스위스 제네바에서 목회를 시작하여 목회 초기에 종교개혁을 반대한 세력에 의해 추방당한 뒤 약 3년 이상을 프랑스 스트라스부르에서 지내다가 제네바에 다시 돌아오게 되었습니다. 제네바에서 목회를 시작하여 1564년 사망할 때까지 평생을 제네바 교회가 진리의 터 위에 세워지도록, 흩어져 있는 교회들의 신앙이 일치되도록, 그리고 후대의 교회가 무너지지 않고 견고히 설 수 있도록 복음의 교리를 가르치는 일에 헌신했습니다.

칼빈에게 있어서 참된 교회는 교리를 바로 세우고, 가르치는 교회입니다. 그래서 그는 당시 혼란과 분열 속에 있었던 교회가 신앙의 일치를 유지해갈 수 있도록 교리를 세우고 가르치는 일을 강조했습니다. 과연 오늘날 한국 교회는 개혁교회가 지향해야 할 교리를 가르치는 일을, 교회가 해야 할 일의 우선순위에 두고 있는지 생각해 보아야 합니다. 신앙의 원칙인 성경이 왜곡되어 설교되고, 신앙의 표준인 교리가 거의 가르쳐지지 않고, 신앙의 질서인 은사와 직분(목사, 교사, 장로, 집사 등) 제도가 무너지고, 신앙의 상징인 성례가 바르게 시행되지 않는다면 아무리 훌륭한 외형을 갖추었다 하더라도 그곳에는 참다운 교회가 세워질 수도, 존재할 수도 없을 것입니다.

이제 한국 교회는 교회가 바로 설 수 있도록 교리를 가르쳐야 합니다. 감사하게도 우리에게는 개혁교회가 사용해 온 훌륭한 요리문답들이 있습니다. 스위스 제네바에서 칼빈에 의해 작성된 『제네바교회 요리문답(要理問答)』(1541년), 독일의 『하이델베르그 요리문답』(1563년), 영국의 『웨스트민스터 소요리문답』(1647년)이 대표적입니다. 이 외에도 『벨직 신앙고백』(1561년)이나 『도르트 신조』(1618~1619년)와 같은 교리 유산을 간직하고 있습니다.

위와 같은 교리를 가르치지 않는다면 칼빈이 말한 바와 같이 교회는 곧 무너지고 말 것입니다. 겉보기에 튼튼한 교회당이 있고 조직적으로 구성된 신자들이 있다고 해서 교회가 건재하다고 할 수는 없습니다. 위와 같은 교리를 가르치는 교회가 그리스도의 임재와 능력을 제대로 드러내는 건재한 교회입니다. 특히 가장 기초적인 교리문답집이라 할 수 있는 『제네바교회 요리문답』은 어린이와 청소년은 물론 영적으로 유아와 같은 새 신자들에게 반드시 가르쳐야 할 교리입니다.

신앙적 수준에 따라 선택한다면 가장 먼저 『제네바교회 요리문답』으로 시작하는 것을 추천합니다. 그렇다고 해서 이 요리문답을 초보적인 요리문답으로만 볼 수는 없습니다. 그 이유는 『기독교 강요』의 축소판이라 할 수 있기 때문입니다. 또한 교리 설교를 위한 자료로도 부족함이 없기 때문입니다. 다만 여러 면에서 아이들과 새 신자들에게 가르치기에 가장 적합한 요리문답이라는 것입니다. 그 다음으로는 『하이델베르그 요리문답』이나 『웨스트민스터 소요리문답』을 추천합니다.

『제네바교회 요리문답』은 크게 다섯 부분으로 구성되어 있습니다. 믿음에 대한 교리, 율법(십계명)에 대한 교리, 기도에 대한 교리, 하나님의 말씀에 대한 교리, 그리고 성례에 대한 교리입니다. 또한 목사와 어린이(육적 어린이뿐만 아니라 영적 어린이 포함)가 문답을 하는 형식으로 모두 373개의 문답으로 구성되어 있습니다. 후대 프랑스어 판에서는 약 1년간 매주에 걸쳐 가르칠 수 있도록 적당한 제목들을 붙여서 55개의 장으로 나누었습니다.

본 영한대역은 독자 또는 교리를 가르치는 목사나 교사의 편의를 위해 그와 같이 55개의 장으로 나누어 장마다 간단명료하게 제목을 붙였습니다(일부를 제외한 대부분 제목은 기존의 번역본에 있는 제목들을 따랐음). 또한 이 책은 지금으로부터 200년 전에 미국에서 출간된 John Calvin, *The Catechism of the Church of Geneva*, trans. by Elijah Waterman(Hartford, Connecticut: Sheldon & Goodwin, 1815)의 373개 문답에 대한 본문을 그대로 우리말로 번역한 것입니다.

엘리야 워터맨은 칼빈의 『제네바교회 요리문답』 라틴어판(1545년)을 270년이 지난 1815년에 영어로 번역했고, 이 영한대역 『제네바교회 요리문답』은 정확히 200년 전 엘리야 워터맨 목사의 영역판 문답을 그대로 우리말로 옮긴 것입니다. 즉, 1545년에 출간된 라틴어판을 270년 후에 영어로 번역한 것을 다시 그때로부터 200년이 지난 후에 우리말로 충실히 번역한 것입니다.

비록 470년이라는 큰 시간적 간격이 존재하지만 영적인 유아들(고린도전서 3:1)을 바로 양육하는 데 유익한 도구가 되기를 바라는 열망은 칼빈이나 워터맨이나 편역자나 다를 바 없을 것입니다. 마치 같은 날 같은 장소에서 만나서 신앙의 성장과 일치를 위해 협력하고 기도하는 자들과 다를 바 없을 것입니다. 그런 점에서 교회 역시 수천 년의 시간과 서로 멀리 떨어진 장소에 서로 다른 교회의 모습으로 존재하더라도 바른 교리 위에 일치된 신앙을 가지고 서 있다면 그리스도 안에서 하나로 연합된 성전(고린도전서 3:16)입니다.

이 책은 실제로 교회에서 사용하기에 편리하도록 가능한 한 구어체를 사용하였고, 어려운 단어나 용어보다는 쉬운 말을 사용하였습니다. 그러면서도 의역보다는 직역 중심으로 옮겼습니다. 또한 영역판 문답 본문에 있는 성부, 성자, 성령에 대한 인칭대명사는 일반 사람을 칭하는 인칭대명사와 구별하기 위해 첫 글자를 대문자로 바꾸었고(단, 인용문이나 이탤릭체로 된 부분은 그대로 두었음), 극히 일부이긴 하지만 고어 중 거의 접할 기회가 없는 'shew'와 같은 단어는 현재 사용되는 'show'로 바꾸었습니다. 당시 흩어져 있는 많은 교회가 거룩한 신앙의 일치를 이루도록 칼빈이 프랑스어로 작성한 요리문답을 라틴어로 다시 출간한 것처럼 오늘날 보편적으로 사용되고 있는 언어인 영어를 고려해서 부족하나마 이 '영한대역판'을 출간하게 되었습니다.

이 책이 한국 교회 목회자 및 성도들과 선교지에서 현지 신자들에게 기독교 교리를 가르쳐야 할 선교사들에게 유용한 도구가 되기를 바라고, 출간이 되기까지 함께 수고하신 분들께 감사를 드리며, 모든 영광을 하나님께 돌립니다.

용인에서 김세민 목사

# 제1부
# 믿음에 대한 교리

The Doctrines of FAITH

# 1. Life in the Knowledge of God

Q1 : What is the chief end of man?
A : It is to know God his Creator.

Q2 : What reason have you for this answer?
A : Because God has created us, and placed us in this world, that He may be glorified in us. And it is certainly right, as He is the author of our life, that it should advance His glory.

Q3 : What is the chief good of man?
A : It is the same thing.

Q4 : Why do you account the knowledge of God, the chief good?
A : Because without it, our condition is more miserable than that of any of the brute creatures.

Q5 : From this then we clearly understand, that nothing more unhappy can befall man than not to glorify God.
A : It is so.

# 제1장 하나님을 아는 삶

제1문 : 사람의 가장 큰 목적은 무엇입니까?
답 : 창조주 하나님을 아는 것입니다.

제2문 : 그렇게 대답하는 이유는 무엇입니까?
답 : 하나님이 우리 가운데서 영광을 받으시기 위해 우리를 창조하시고 우리를 이 세상에 두셨기 때문입니다. 또한 하나님은 우리 삶의 근원이므로 우리 삶은 하나님의 영광을 드러내는 일에 맞추는 것이 옳기 때문입니다.

제3문 : 사람의 최고 행복은 무엇입니까?
답 : 앞서 말한 것처럼 하나님을 아는 것입니다.

제4문 : 하나님을 아는 것이 왜 최고 행복이라고 생각합니까?
답 : 하나님을 알지 못하면 우리는 짐승보다 더 비참한 상태가 되기 때문입니다.

제5문 : 그래서 하나님의 영광을 위한 삶을 살지 않을 때보다 더 불행한 일이 닥칠 수 없음을 우리는 확실히 알게 되는 것이군요.
답 : 네, 그렇습니다.

Q6 : What is the true and correct knowledge of God?

A : When He is so known, that the honor, which is His due, is rendered to Him.

Q7 : What is the true method of rendering Him due honor?

A : It is to put our whole trust in Him; to serve Him by obedience to His will, all our life; to call upon Him in all our necessities, seeking in Him salvation, and every good thing which can be desired; and finally, to acknowledge, both in the heart and with the mouth, that He is the sole author of all blessings.

**제6문** : 하나님을 참되고 바르게 안다는 것은 무엇입니까?
**답** : 하나님을 알게 됨으로써 하나님이 마땅히 영예를 누리도록 하는 것입니다.

**제7문** : 하나님이 마땅한 영예를 누리도록 하는 참된 방법은 무엇입니까?
**답** : 우리가 하나님을 온전히 의지하고, 일평생 하나님의 뜻을 따라 순종함으로써 섬기고, 하나님으로부터 우리의 구원을 추구하면서 우리가 바랄 수 있는 모든 선한 것과 우리의 모든 필요를 하나님께 구하며, 끝으로 하나님만이 모든 축복의 근원이라는 사실을 마음과 입으로 시인하는 것입니다.

## 2. The Knowledge of God

Q8 : But that we may discuss these things in order, and explain them more fully: Which is the first head of your division?

A : That we should place our whole confidence in God.

Q9 : How is that to be done?

A : By acknowledging Him, Almighty and perfectly good.

Q10 : Is this sufficient?

A : By no means.

Q11 : Why not?

A : Because we do not deserve that He should exert His power for our assistance, or manifest His goodness for our benefit.

Q12 : What more is needful?

A : That each one of us be fully convinced that God loves him, and that He is willing to be to him a Father and a Saviour.

## 제2장 하나님을 아는 지식

제8문 : 우리는 이것들을 순서대로, 좀 더 자세히 설명할 수 있을 것 같은데, 어느 것이 첫째 부분입니까?
답 : 우리가 하나님을 온전히 믿어야 한다는 부분이 첫째입니다.

제9문 : 어떻게 하는 것이 하나님을 온전히 믿는 것입니까?
답 : 하나님을 전능하고 지극히 선한 분으로 인정하는 것입니다.

제10문 : 그렇게 인정하는 것으로 충분합니까?
답 : 결코 그렇지 않습니다.

제11문 : 왜 그렇지 않습니까?
답 : 하나님이 우리를 도우시기 위해 능력을 행사하시거나 우리를 향하여 선을 베푸실 만큼 우리가 가치가 있는 존재는 아니기 때문입니다.

제12문 : 그렇다면 우리에게 더 필요한 것은 무엇입니까?
답 : 우리 각 사람은 하나님이 나를 사랑하시고 또한 기꺼이 아버지와 구원자가 되어 주신다는 사실을 전적으로 확신해야 합니다.

Q13 : But how will that be evident to us?

A : Truly from His word, in which He declares to us His mercy, and testifies His love for us, in Christ.

Q14 : The foundation and beginning of confidence in God is then, the knowledge of Him in Christ?

A : Entirely.

Q15 : Now I would hear from you, in a few words, the sum of this knowledge?

A : It is contained in the Confession of Faith, or rather Formula of Confession, which all Christians have always held in general among themselves. It is commonly called the Symbol of the Apostles, which has been received from the beginning of the Church among all the pious; and which was either taken from the mouth of the Apostles, or faithfully collected from their writings.

제13문 : 하지만 어떻게 그 사실을 우리가 분명히 알 수 있습니까?
답 : 하나님의 말씀을 통해 확실히 알 수 있습니다. 하나님은 그리스도 안에서 우리에게 베푸시는 자비를 말씀으로 선포하시고 우리를 향한 사랑 역시 말씀으로 증명하십니다.

제14문 : 그렇다면 그리스도 안에서 하나님을 아는 것이 하나님에 대한 확신의 기초요, 출발점입니까?
답 : 네, 전적으로 그렇습니다.

제15문 : 그러면 하나님을 아는 지식에 대한 핵심을 간략하게 들을 수 있을까요?
답 : 하나님을 아는 지식에 대한 핵심은 모든 그리스도인 사이에서 언제나 인정받아 온 믿음의 형식인 신앙고백에 들어 있습니다. 일반적으로 '사도신경'이라 부르는데 이는 교회가 시작될 때부터 모든 경건한 신자로부터 전해 내려 온 것이며, 사도들의 입에서 나왔거나 사도들의 글을 통해 충실히 모아진 것입니다.

# 3. The Apostles' Creed & the Trinity of God

Q16 : Repeat it.

A : *I believe in God the Father Almighty, Maker of Heaven and earth: and in Jesus Christ, His only Son, our Lord, who was conceived by the Holy Ghost, born of the virgin Mary; suffered under Pontius Pilate, was crucified, dead, and buried; [He descended into Hell]; the third day He arose from the dead; ascended into Heaven, and sitteth at the right hand of God the Father Almighty; from thence He shall come to judge the living and the dead, I believe in the Holy Ghost: the Holy Catholic Church: the communion of Saints: the forgiveness of sins: the resurrection of the body, and the life everlasting, Amen.*

Q17 : That each head may be understood, into how many parts shall we divide this Confession?

A : Into four principal ones.

Q18 : What are they?

A : The first respects God, the Father: the second, Jesus Christ, His Son, which embraces also the whole subject of man's redemption: the third, the Holy Spirit: and the fourth, the Church, and the benefits of God towards it.

# 제3장 사도행전과 삼위일체 하나님

제16문 : 그 사도신경을 그대로 따라 해보기 바랍니다.
답 : 나는 전능하신 아버지 하나님, 천지의 창조주를 믿습니다. 나는 그의 유일한 아들, 우리 주 예수 그리스도를 믿습니다. 그는 성령으로 잉태되어 동정녀 마리아에게서 나시고, 본디오 빌라도에게 고난을 받아 십자가에 못 박혀 죽으시고, 장사된 지[장사되어 지옥에 내려가신 지] 사흘 만에 죽은 자 가운데서 다시 살아나셨으며, 하늘에 오르시어 전능하신 아버지 하나님 우편에 앉아 계시다가, 거기로부터 살아있는 자와 죽은 자를 심판하러 오십니다. 나는 성령을 믿으며, 거룩한 공교회와 성도의 교제와 죄를 용서 받는 것과 몸의 부활과 영생을 믿습니다. 아멘.

제17문 : 이 신앙고백의 골자를 이해하기 위해 몇 부분으로 나눌 수 있습니까?
답 : 주요 부분을 넷으로 나눌 수 있습니다.

제18문 : 네 부분은 어떤 것들입니까?
답 : 첫 번째는 하나님 아버지를, 두 번째는 사람의 구원 전체를 다루는 내용과 더불어 예수 그리스도를, 세 번째는 성령을, 그리고 네 번째는 교회 및 하나님이 교회에 베푸시는 은혜에 대해 고백하는 내용입니다.

Q19 : Since there is but one God, why do you name three; the Father, the Son, and the Holy Spirit?

A : Because, in the one substance of God, we must consider the Father, as the beginning and origin or first cause of all things: then the Son, who is His eternal wisdom; and lastly the Holy Spirit, as the power of God, spread abroad through all things, which yet perpetually dwells in Him.

Q20 : You mean then, that there is no absurdity, although we determine that these three distinct persons are in the one God head; and that God is not therefore divided.

A : It is so.

Q21 : Recite the first part of the Creed.

A : *I believe in God the Father Almighty, Creator of Heaven and Earth.*

Q22 : Why do you call Him, *Father?*

A : Chiefly as it respects Jesus Christ, who is the eternal word of God begotten of Him from eternity; and sent into this world and declared to be His Son. From hence also we understand, that since God is the Father of Jesus Christ, He is a Father to us also.

제19문 : 하나님은 오직 한 분만 계시는데, 왜 아버지, 아들, 성령이라는 세 이름을 말합니까?

답 : 왜냐하면 하나님의 한 본체 안에서 시작이요 기원이며 모든 것의 첫째 원인이라는 점에서 아버지를 인정해야 하고, 하나님의 영원한 지혜로 존재하시는 아들을 인정해야 하며, 끝으로 만물 가운데 충만히 계시면서 동시에 하나님 안에 영원히 계시는 하나님의 능력으로서의 성령을 인정해야 하기 때문입니다.

제20문 : 결국 지금 한 말의 의미는 셋으로 구별되는 인격들이 한 분 하나님 안에서 존재하신다고 결정짓고, 그러니 하나님은 셋으로 나뉘지 않는다고 생각할지라도 모순이 없다는 것이군요.

답 : 네, 그렇습니다.

제21문 : 사도신경의 첫 번째 부분을 외우기 바랍니다.

답 : *나는 전능하신 아버지 하나님, 천지의 창조주를 믿습니다.*

제22문 : 왜 하나님을 *아버지*라고 부릅니까?

답 : 아버지라는 칭호는 우선적으로 하나님의 영원한 말씀이요 영원 전에 하나님으로부터 나오셔서 세상에 보내심을 받아 하나님의 아들로 선포된 예수 그리스도와의 관계에서 비롯되었습니다. 그러므로 하나님이 예수 그리스도의 아버지가 되며 또한 우리의 아버지가 된다는 사실을 우리가 알게 되는 것입니다.

Q23 : In what sense do you give Him the name of *Almighty?*
A : Not in this manner, that He should have power and not exercise it; but that He holds all things under His hand and management; to govern the world by His Providence; to order it after His own will; and to command all creatures as it pleaseth Him.

Q24 : You do not then imagine an idle power of God; but you consider Him to be one, who has always a hand prepared for operation, so that nothing is done but by Him and His appointment.
A : It is so.

제23문 : 어떤 의미에서 *전능하신 하나님*이라고 부릅니까?
    답 : 하나님은 못하시는 것이 없는, 능력을 가지고 계신다는 의미라기보다는 오히려 만물을 하나님의 장중(掌中)에 두고 다룸으로써 유지하시고, 하나님의 섭리로 세상을 다스리시며, 하나님의 뜻에 따라 세상을 작정하시고, 하나님이 보시기에 좋도록 모든 피조물을 지배하신다는 뜻입니다.

제24문 : 그러니까 하나님은 아무 일도 하시지 않는다는 생각이 아니라, 항상 일하시는 분이며 하나님의 허락과 작정으로 말미암지 않고서는 아무 일도 일어나지 않는다고 믿고 있군요.
    답 : 네, 그렇습니다.

# 4. Believing in God, the Creator

**Q25** : Why do you add, *Maker or Creator of Heaven and Earth?*

**A** : In as much as He has made Himself known to us by His works; in which also He is to be sought by us(Romans 1:20). For our understandings are not capable of comprehending His essence. The world itself therefore, is as it were a glass, in which we may discern Him as far as it is for our benefit to know Him.

**Q26** : By *heaven and earth* do you not understand the whole creation?

**A** : Yes, truly. These two words include all things that exist in heaven and in earth. 아니요,

**Q27** : But why do you call God Creator only, since it is much more excellent to *guard and preserve* the Creation in its order, than to have once created?

**A** : It is not indeed so much as intimated, by this expression, that God at once created His works, so that He might cast off the care of them afterwards; but it is rather to be accounted, that as He framed the world in the beginning, so He still preserves it; and that the earth and all other things abide, only as they are preserved by

# 제4장 창조주 하나님에 대한 믿음

제25문 : 왜 *천지를 지으신 분 또는 천지의 창조주*라고 덧붙여 말합니까?

답 : 하나님은 창조하신 일을 통해서 하나님을 친히 우리에게 나타내셨으므로(로마서 1:20) 우리는 하나님이 하신 일을 통해 하나님을 찾아야 하기 때문입니다. 단지 우리의 지성으로는 하나님의 본질을 이해할 수 없습니다. 그러므로 창조된 세계 자체가 거울과 같은 것으로써 하나님을 알 수 있는 방편으로 주어진 그 거울에 비친 하나님을 우리가 어렴풋이 파악하게 됩니다.

제26문 : *천지*라는 말이 모든 피조물은 아니라는 것입니까?

답 : 아니요, 절대 그렇지 않습니다. 천지라는 두 낱말은 하늘과 땅에 존재하는 모든 피조물을 포함하는 말입니다.

제27문 : 하나님이 창조하신 한 번의 일보다는 창조된 세계를 그대로 *보호하고 유지하시*는 일이 훨씬 더 훌륭하다고 생각되는데 왜 하나님을 단지 창조주라고만 부릅니까?

답 : 그렇게 부른다고 해서 창조하신 일을 하나님이 마침과 동시에 그 후에는 상관없이 내버려 두셨다는 의미는 결코 아닙니다. 오히려 이 말은 태초에 세상을 지으셨던 것과 마찬가지로 세상을 여전히 보존하신다는 것이며, 땅과 모든 피조물은 오직 하나님의 권능과 솜씨를 통해 보존될 때만 존재한다는 의미입니다. 그뿐 아니라 하나

His power and management. Besides, as He upholds all things by His hand, it is evident that He is the supreme Moderator and Lord of all. Since then He is the Creator of heaven and earth, it becomes us to understand Him to be the One, who by His wisdom, power, and goodness, governs the whole course and order of nature; who is alike the author of the rain and the drouth, of the hail and other tempests and of fair weather; who makes the earth fruitful by His bounty, and by withdrawing His land, again renders it barren; from whom alike come health and disease; to whose dominion, all things are subject, and to whose will, all things are obedient.

Q28 : **What then shall I think of devils and wicked men? Shall I say that these also are in subjection to Him?**
 A : Although God doth not influence them by His Spirit; yet He restrains them by His power, as with a bridle, that they cannot move themselves, except as he permits. Moreover, He makes them the servants of His will, so that they are constrained to pursue, unwillingly and without their intention, His pleasure.

님의 손에 의해 모든 피조물이 유지되고 하나님은 만물의 통치자요 주권자라는 것은 명백한 사실입니다. 그러므로 하나님은 천지의 창조주입니다. 이로써 우리는 하나님이 지혜와 권능과 선으로 자연의 모든 흐름과 질서를 정하신다는 사실을 알게 됩니다. 하나님은 비와 가뭄과 우박을 일으키시는 분이요, 거센 폭풍과 좋은 날씨를 주시기도 합니다. 하나님은 너그러움으로 땅에 풍성한 수확을 주시거나 반대로 손을 거두심으로써 흉년이 들게도 하십니다. 또한 하나님은 건강과 질병을 주시기도 합니다. 끝으로 창조 세계가 하나님께 복종하도록 통치권을 행사하시고 모든 피조물이 하나님의 뜻대로 순종하도록 하시는 분이라는 점에서 창조주라 부르는 것입니다.

**제28문 :** 그렇다면 악령들과 악한 사람들에 대해서는 어떻게 생각해야 할까요? 그들도 하나님께 복종한다고 말할 수 있을까요?

**답 :** 비록 하나님께서 그들을 성령으로 인도하시지는 않지만, 대신 하나님은 권능으로 그들에게 굴레를 씌워서 하나님이 허용하신 일 외에는 활동할 수 없도록 제한하십니다. 게다가 하나님은 그들을 하나님의 뜻을 이루기 위한 종들로 삼으셔서 하나님의 기쁨을 위해 그들의 의도와는 상관없이 마지못해 행하도록 강요하기도 하십니다.

**Q29** : What benefit do you derive from the knowledge of this subject?

**A** : Very great. For it would go ill with us, if any thing was permitted to devils and wicked men, without the will of God. In that case, knowing ourselves exposed to their perverseness, the tranquillity of our minds would be destroyed. But now we rest in safety, believing, them to be curbed by the will of God, and held in by restraint, so that they can do nothing but by His permission and especially since God presents Himself to us as our guardian and defender.

제29문 : 이러한 사실을 알게 됨으로써 어떤 유익을 누리게 됩니까?

답 : 매우 큰 유익을 누립니다. 왜냐하면 만약 하나님의 뜻과 상관없이 악령들과 악한 자들에게 어떤 일이든 허락된다면 우리에게 큰 문제가 생길 것이고, 이 같은 경우에 우리 자신이 그들의 뒤틀린 행동에 노출되어 있다는 사실을 알게 됨으로써 우리 마음의 평정은 깨질 것입니다. 그러나 우리는 하나님이 악한 자들의 활동을 제한하시고 하나님의 허락 없이는 그들이 아무것도 할 수 없다는 사실과 특별히 하나님이 우리의 수호자요 변호자라는 사실을 확신함으로써 우리는 안심하게 됩니다.

# 5. Believing in Jesus Christ

**Q30** : Now let us proceed to the second part.
**A** : That is—*To believe in Jesus Christ, His only Son, our Lord.*

**Q31** : What is summarily contained in this?
**A** : That the Son of God is our Saviour; and at the same time it explains the manner in which he has redeemed us from death, and obtained *life* for us.

**Q32** : What is the meaning of the name, Jesus, by which you call Him?
**A** : That name in Greek signifies *Saviour.* The Latins have no proper name, by which its force can be well expressed. Therefore the word Saviour was commonly received. Besides, the Angel gave this appellation to the Son of God by the command of God Himself(Matthew 1:21).

**Q33** : Is this of any more weight, than if men had given it to Him?
**A** : Altogether; For since God would have Him so called He must of necessity be truly what He is called.

# 제5장 예수 그리스도에 대한 믿음

제30문 : 이제 사도신경 두 번째 부분으로 넘어갑시다.
  답 : 두 번째 부분은 *하나님의 유일한 아들, 우리 주 예수 그리스도를 믿는 것*입니다.

제31문 : 이 말에는 어떤 내용이 요약되어 있습니까?
  답 : 하나님의 아들이 우리의 구원자라는 내용과 우리에게 *생명*을 주시기 위해 어떻게 우리를 죽음으로부터 구속하셨는가에 대한 내용입니다.

제32문 : 하나님의 아들을 *예수*라 부를 때, 그 이름의 뜻은 무엇입니까?
  답 : 그 이름은 그리스어로 *구원자*라는 뜻입니다. 라틴어로는 정확히 표현될 수 있는 적절한 이름이 없습니다. 그래서 구원자라는 단어가 일반적으로 사용되었고, 게다가 천사가 하나님으로부터 직접 명령을 받아서 하나님의 아들에게 알려준 이름입니다(마태복음 1:21).

제33문 : 예수라는 이름이 하나님에 의해 주어진 사실이 사람들이 그렇게 호칭했던 것 이상으로 중요한 일입니까?
  답 : 전적으로 그렇습니다. 왜냐하면 예수로 호칭되기를 하나님이 원하셨다면 당연히 그렇게 호칭되어야 하기 때문입니다.

Q34 : What then does the word, *Christ*, signify?

A : By this title, His office is still better expressed. For it signifies, that He was anointed, for a Prophet, Priest, and King.

Q35 : How do you know that?

A : Because the Scriptures apply anointing to these three uses and also often ascribe to Christ, these three offices, which we mentioned.

Q36 : With what kind of oil was He anointed?

A : Not with visible not with such as was used in the consecration of ancient Kings, Priests, and Prophets, but with more excellent: That is by the grace of the Holy Spirit, which is the substance represented by that external anointing.

Q37 : What is the nature of that Kingdom of His, of which you speak?

A : It is spiritual, as it is governed by the word and Spirit of God; which bring with them righteousness and life.

Q38 : What is the nature of his Priesthood?

A : It is the office and prerogative of standing in the presence of God, for obtaining His favour, and for appeasing His wrath, by the oblation of a sacrifice, which is acceptable to Him.

제34문 : 그렇다면 *그리스도*라는 말의 뜻은 무엇입니까?
답 : 그리스도라는 칭호는 예수의 직분을 훨씬 잘 나타냅니다. 이 칭호는 선지자와 제사장과 왕으로 기름 부음을 받으셨다는 뜻입니다.

제35문 : 그 사실을 어떻게 압니까?
답 : 선지자, 제사장, 왕, 이 세 가지 직분에 기름을 부었다는 사실을 성경이 말해주고, 또한 성경은 우리가 말한 이 세 가지 직분을 담당하신 분이 그리스도라고 자주 말해 주기 때문입니다.

제36문 : 그리스도는 어떤 종류의 기름 부음을 받으셨습니까?
답 : 옛날 왕들이나 제사장들이나 선지자들의 성별(聖別)의식에 사용되었던 것과 같은 보이는 기름이 아닌 훨씬 뛰어난 기름 부음을 받으셨습니다. 다름 아닌 외면적인 기름 부음을 대신하는 진정한 기름 부음입니다.

제37문 : 그러면 그리스도의 나라는 어떤 유형의 나라입니까?
답 : 그리스도의 나라는 영적인 것으로 하나님의 말씀과 성령으로 다스려지며, 의와 생명을 가져오는 나라입니다.

제38문 : 제사장직은 어떤 일입니까?
답 : 하나님 앞에 서서 하나님이 받으실 만한 희생 제물을 드림으로써 은혜를 얻고 진노를 그치게 하는 직무와 특권을 가진 직분입니다.

Q39 : In what sense, do you call Christ a Prophet?

A : Because when He came into the world, He declared Himself the Ambassador of the Father, and the Interpreter of His will among men. And for this purpose, that having fully explained the will of the Father, He might put an end to all revelations and prophecies.

**제39문** : 어떤 의미에서 그리스도를 선지자라 부릅니까?

**답** : 그리스도가 세상에 오셨을 때 아버지 하나님의 대사요, 사람들 사이에서 하나님의 뜻을 해석하는 해석자였기 때문입니다. 그리스도는 그러한 목적에서 계시와 예언의 마침이 되기 위해 아버지 뜻을 완전히 설명하셨습니다.

# 6. The Offices of Jesus Christ

Q40 : But do you receive any benefit from this?

A : Truly all these things have no other object, but our good. For Christ was endowed with those things of the Father that He might impart them to us, and that we all might partake of His fullness.

Q41 : Explain this to me a little more fully.

A : He was filled with the Holy Spirit; and enriched with all the fullness of its gifts, that He might impart them to us, and to each one, according to the measure, which the Father knew to be expedient for us. Thus from Him, as the one only fountain, we draw whatever we have of spiritual good.

Q42 : What does His kingly office profit us?

A : By it we are enabled to live pious and holy lives in liberty of conscience; are endowed with His spiritual riches; and also armed with that power which enables us to overcome the flesh, the world, sin, and the devil, those perpetual enemies of our souls.

# 제6장 예수 그리스도의 직분

제40문 : 그러면 이 사실을 통해 어떤 유익을 얻게 됩니까?
　답 : 진실로 이 모든 사실은 우리를 행복하게 하는 것밖에 없습니다. 왜냐하면 하나님 아버지가 그리스도에게 우리를 위한 모든 유익을 베풀어 주셨고 그리스도는 우리에게 그 사실을 알려주심으로써 우리가 그리스도의 충만한 복을 누릴 수 있기 때문입니다.

제41문 : 그것을 좀 더 자세히 설명하기 바랍니다.
　답 : 그리스도는 성령으로 충만하여 그로 인한 모든 은사를 가지고 계심으로써 우리에게 나누어 주시되, 우리 각자의 필요를 아시는 하나님께서 정하신 분량에 따라 나누어 주십니다. 그래서 우리는 유일한 근원인 그리스도로부터 우리가 누릴 수 있는 신령한 복을 얻게 됩니다.

제42문 : 그리스도의 왕권이 주는 유익은 무엇입니까?
　답 : 그리스도의 통치 아래서 우리는 양심의 자유를 누리면서 경건하고 거룩한 삶을 살 수 있게 되며, 우리에게 영적인 풍요가 주어집니다. 또한 우리 영혼의 영원한 원수인 육체적 욕망, 세상, 죄, 그리고 사탄을 극복할 수 있는 권능을 얻게 됩니다.

Q43 : What purpose does the Priesthood of Christ answer?

A : Chiefly as by this means, He is our Mediator, who reconciles us to the Father; and also that a way is opened for us to the Father, that we may come into His presence with confidence, and offer ourselves and all that is ours to Him for a sacrifice. And hence, you may understand in what manner He makes us His, by His Priesthood.

Q44 : The prophetic office still remains?

A : As the office of master was bestowed upon the Son of God for His people; the end is that He might illuminate them in the true knowledge of the Father, instruct them in the truth, and make them the family-disciples of God.

Q45 : This then is the conclusion of all you have said: The name, Christ, comprehends three offices, which the Father conferred on the Son, that He might abundantly communicate their power and fruit unto His own.

A : It is so.

제43문 : 그리스도의 제사장 직분에 맞는 목적은 무엇입니까?
답 : 무엇보다도 그리스도는 제사장 직분이라는 수단을 통해서 하나님 아버지와 우리를 화목하게 하는 중보자가 된다는 사실입니다. 그 다음으로는 하나님께 나아가도록 길을 열어 주심으로써 우리가 담대하게 하나님 앞에 나아가 우리 자신은 물론 우리가 가진 모든 것을 제물로 바칠 수 있도록 하는 것입니다. 따라서 우리는 그리스도가 어떻게 그리스도의 제사장 직분에 우리를 참여하게 하시는지 알 수 있습니다.

제44문 : 그리스도의 선지자 직분이 아직도 남아 있습니까?
답 : 하나님의 백성을 위해 하나님은 아들에게 교사라는 직분을 부여하셨고, 이 교사 직분의 목적은 하나님 아버지에 대한 참된 지식으로 백성을 깨닫게 하고 진리로 가르쳐서 하나님의 집에 거하는 제자가 되도록 하는 것입니다.

제45문 : 그렇다면 지금까지 말한 것에 대한 결론은, 세 가지 직분을 모두 포함하는 그리스도라는 이름을 하나님 아버지가 아들에게 주심으로써, 아들은 이 직분을 통해 얻는 능력과 유익을 하나님의 백성에게 전달한다는 것이군요.
답 : 네, 그렇습니다.

## 7. Jesus Christ, the Son of God

Q46 : Why do you call Him *the only Son of God*, since God distinguishes us all, by that appellation?

A : Because, if we are the sons of God, we have it not from nature but only from grace and adoption, does God hold us in that condition. But the Lord Jesus, who is begotten of the substance of the Father, and is of the same essence with Him, is by the best right called the only Son of God since He alone is so, by nature(John 1:1, Ephesians 1:5, Hebrews 1:1).

Q47 : You understand, then, that the honour is due to Him by the right of nature, and is personally His own but it is communicated to us by gratuitous kindness, in as much as we are His members(Romans 8:29, Colossians 1:15, 18).

A : Entirely. Therefore in respect to this communication, He is called the first born among many brethren.

Q48 : In what sense do you understand Him to be our *Lord*?

A : As He is appointed by the Father, that He might have us under His dominion that He should administer the kingdom of God in heaven and on earth, and should be the head of angels, and of believers.

# 제7장 하나님의 아들 예수 그리스도

제46문 : 하나님이 우리 모두를 하나님의 아들이라는 호칭으로 각별히 대하시는데도 그리스도를 *하나님의 유일한 아들*이라고 부르는 이유는 무엇입니까?

답 : 그 이유는 우리를 하나님의 아들들이라고 할 때 태어날 때부터 그렇다는 것이 아니라 은혜와 입양으로 된 것이고 그러한 조건을 하나님이 유지시켜주심으로써 하나님의 아들들이 되기 때문입니다. 그러나 주 예수는 아버지 하나님의 실체로 나시고 본질적으로 아버지와 동일하기 때문에 주 예수만이 본래부터 하나님의 유일한 아들로 불리는 것은 지극히 당연한 권리입니다(요한복음 1:1, 에베소서 1:5, 히브리서 1:1).

제47문 : 그렇다면 주 예수에게는 하나님의 아들이라는 영예가 당연한 권리로 주어지고 또한 고유한 것이지만, 우리에게는 우리가 주 예수의 지체라는 조건에서 그 영예가 은총으로 주어진다고 이해하고 있군요(로마서 8:29, 골로새서 1:15, 18).

답 : 네, 전적으로 그렇습니다. 그러므로 이렇게 은총으로 주어진 것을 매개로 하여 그리스도는 많은 형제 중 맏아들로 불리는 것입니다.

제48문 : 어떤 뜻에서 그리스도를 우리 *주님*으로 생각합니까?

답 : 그리스도는 하나님 아버지로부터 임명을 받아 하늘과

Q49 : What is meant by that which follows?

A : It shows the manner in which the Son is anointed by the Father, that He should be our Saviour namely, that having taken our flesh, He performed all those things which were necessary for our salvation, as they have been here declared.

Q50 : What do you mean by these two sentences: *Who was conceived of the Holy Ghost, born of the Virgin Mary?*

A : That He was formed by the miraculous and secret power of the Holy Spirit, in the womb of the Virgin, of her substance, that He should be the true seed of David, as was foretold by the Prophets(Psalms 132:11. Matthew 1:1, Luke 1:32).

Q51 : Was it then needful that He should put on our flesh?

A : Certainly, because it was necessary that man's disobedience to God should be expiated also in human nature. Nor indeed otherwise would He have been our Mediator, to accomplish the reconciliation of men with God(Romans 3:25, 1 Timothy 2:5, Hebrews 4:15; 5:7).

땅에서 하나님의 나라를 다스리심으로써 우리를 그리스도의 통치 아래 두시며 모든 천사와 사람의 머리가 된다는 뜻에서 그렇게 생각합니다.

제49문 : 그 다음으로 올 말이 뜻하는 바는 무엇입니까?
답 : 하나님의 아들이 아버지로부터 기름 부음을 받는 방식, 말하자면 어떻게 우리의 구원자가 되는가를 밝혀주는 것으로, 우리의 육체를 입으셨고 앞에서 말하였듯이 우리에게 필요한 모든 일을 수행하셨다는 사실을 보여주는 것입니다.

제50문 : *성령으로 잉태되어 동정녀 마리아에게서 나시고라고 말한 두 가지 진술은 무슨 뜻입니까?*
답 : 하나님의 선지자들에 의해 예언되었듯이 동정녀의 태에서 기적이고 신비로운 성령의 능력으로 잉태되었고, 동정녀의 실체를 가짐으로써 진실로 다윗의 씨가 되었다는 뜻입니다(시편 132:11, 마태복음 1:1, 누가복음 1:32).

제51문 : 그렇다면 그리스도가 우리와 같은 육체를 취해야만 하셨습니까?
답 : 당연히 그렇습니다. 왜냐하면 하나님께 대한 사람의 불순종은 또한 사람의 본성 안에서 속죄되어야 마땅하고, 그리스도로서는 사람과 하나님 사이를 화목하게 하는 일을 이루기 위해서는 사람의 본성을 취하지 않는 다른 방법으로는 우리의 중보자가 될 수 없기 때문입니다(로마서 3:25, 디모데전서 2:5, 히브리서 4:15; 5:7).

Q52 : You say then that it behoved Christ to be made man, so that, as in our person, He might fulfil the office of our Saviour.

A : So I think for it is necessary for us to recover in Him, whatever is wanting in ourselves which cannot otherwise be done.

Q53 : But why was His generation effected by the Holy Spirit, and not rather in the common and usual manner?

A : In as much as the seed of man is wholly corrupted, it became the office of the Holy Spirit to interpose in the generation of the Son of God, lest He should be affected by that contagion, and that He might be endowed with the most perfect purity.

Q54 : Hence then we learn, that He who is to sanctify others should be free from every blemish, endowed from the womb with original purity, entirely consecrated to God, and undefiled with any corruption of the human race.

A : So I understand it.

제52문 : 그러니까 그리스도가 우리와 같은 인성 안에서 구원자의 직분을 완수하기 위해서는 사람이 되어야 옳다는 말이군요.

답 : 네, 그렇게 생각합니다. 우리에게 부족한 것은 무엇이든지 그리스도 안에서 회복될 수 있고, 이 일은 다른 방법으로는 불가능하기 때문입니다.

제53문 : 그런데 그리스도의 탄생은 왜 일반적이고 흔한 방식이 아닌 성령에 의해 이루어졌습니까?

답 : 사람의 씨는 완전히 부패했기 때문에 이러한 오염으로부터 그리스도를 보호하기 위해서, 또한 그리스도가 지극히 완전한 순결을 지니도록 그리스도의 탄생에 개입할 성령의 역사가 필요했던 것입니다.

제54문 : 결론적으로, 다른 사람들을 거룩하게 하셔야 할 그리스도는 아무런 흠도 없고, 모태로부터 근본적인 순결함을 부여받고, 하나님께 대해서는 전적으로 성별되어, 인류의 부패로부터 전혀 더럽혀지지 않았다는 사실을 우리가 알게 되는군요.

답 : 네, 그렇게 알고 있습니다.

# 8. The Death of Jesus Christ

Q55 : Why do you pass immediately from His birth to His death, omitting the whole history of His life?

A : Because the Creed here treats only of those points which are the chief things of our redemption, and which contain in them as it were, its substance.

Q56 : But why do you not say, in one word, *that He was dead,* without adding, the name of Pontius Pilate, under whom He suffered?

A : That not only respects the truth of the history, but proves also, that His death was inflicted by a judicial sentence.

Q57 : Explain this more fully.

A : He died that He might bear the punishment due to us, and in this manner deliver us from it. But as we all, as we were sinners, were exposed to the judgment of God, that He might suffer it in our stead, He was pleased to place Himself before an earthly judge, and to be condemned by His mouth, so that we might be absolved before the throne of the heavenly Judge.

# 제8장 예수 그리스도의 죽음

제55문 : 그리스도의 생애 전체의 역사를 생략한 채로 탄생에서 죽음으로 곧장 넘어가는 이유는 무엇입니까?
답 : 사도신경은 우리의 구원과 관련해서 가장 중요한 것들만 다루기 때문입니다. 즉, 본질적인 내용만을 포함하기 때문입니다.

제56문 : 한 마디로 *그가 죽으시고*라고 말하지 않고, 그리스도를 고통스럽게 한 본디오 빌라도라는 이름을 덧붙이는 이유는 무엇입니까?
답 : 그것은 역사적 사실에 따른 것이고 또한 그리스도의 죽음이 법적 형벌로 주어졌다는 것을 증명하기 때문입니다.

제57문 : 그것을 더 자세히 설명하기 바랍니다.
답 : 그리스도의 죽음은 우리가 마땅히 받아야 할 형벌을 대신 감당하신 것이며, 그러한 방법으로 우리를 구원하셨습니다. 다시 말해서 우리는 모두 죄인으로 하나님의 심판에 처해지고, 우리를 대신해서 세상의 재판관 앞에 기꺼이 자신을 내어 주시고 입을 통해 유죄 판결을 받으심으로써 우리로 하여금 하늘의 재판관인 하나님의 보좌 앞에서 무죄 판결을 받도록 그리스도께서 친히 고난을 받는 죽음이었습니다.

Q58 : But Pilate pronounced Him innocent, therefore He was not condemned as a malefactor(Matthew 27:24).

A : It becomes us to observe both these points. For thus the judge gives the testimony of His innocence, that it might be witnessed, that He suffered not for His own sins, but for ours yet, at the same time, He was condemned, in solemn form, by the same sentence, that it might be manifest, that by undergoing, as our substitute, the punishment which we merited, He might deliver us from it.

Q59 : It is well said. For if He had been a sinner, He would not have been a fit surety for suffering the punishment of the sins of others. Yet that His condemnation might be accounted to us for absolution, it became Him to be numbered among malefactors.

A : So I understand it.

제58문 : 하지만 빌라도는 그리스도에게 죄가 없다고 선고했고, 그러므로 그리스도는 행악자로 정죄당하지는 않았습니다.

답 : 그래서 우리는 이 두 가지 사실을 주목해야 합니다. 왜냐하면 그 재판관이 그리스도의 무죄를 증거함에 따라서 이는 그리스도가 자신의 죄 때문이 아니라 우리의 죄 때문에 고난당하셨다는 사실을 증명하기 때문입니다. 또한 동시에 같은 재판관에 의해 공식적으로 정죄당하셨는데 이는 우리가 마땅히 받아야 할 심판을 대신 당하심으로써 우리를 정죄로부터 구하고자 하셨음을 명백히 드러내주기 때문입니다.

제59문 : 아주 잘한 말입니다. 왜냐하면 그리스도가 만약 죄인이었다면 다른 사람들이 받아야 할 형벌을 대신 당할 수 있는 적합한 보증인이 되지 못했을 것이기 때문입니다. 그렇지만 그리스도가 우리의 무죄를 위해 대신 정죄를 당하심으로써 행악자들 가운데 한 사람이 된 것입니다.

답 : 네, 그렇게 알고 있습니다.

# 9. The Cross of Jesus Christ

Q60 : As to His being crucified, has this any thing of more moment, than if He had suffered any other kind of death?

A : Yes, as the Apostle informs, when he says, *That he was hanged on a tree,* that by bearing our curse in Himself, we might be delivered from it. For that kind of death was accursed of God(Galatians 3:15, Deuteronomy 12:23).

Q61 : What? Is not reproach fixed on the Son of God, when He is said to be subjected to a curse, even in the sight of God?

A : By no means for by receiving it, He abolished it: nor did He cease, at that time, to be blessed, when He enriched us with His benefits.

Q62 : Proceed.

A : Since death was a punishment laid upon man, on account of sin, the Son of God endured it, and by enduring conquered it. And that it might be more fully manifested, that He endured a real death, He would be placed in a tomb, like other men.

# 제9장 예수 그리스도의 십자가

제60문 : 그리스도께서 십자가에 못 박힌 일에 대해 생각할 때, 그러한 죽음이 다른 그 어떤 방식의 죽음보다 더 중요합니까?
답 : 네, 그렇습니다. 바울 사도에 의하면, *그리스도가 나무에 달리게 됨으로써* 우리가 받아야 할 저주를 친히 받으셨고, 우리를 저주에서 구원해주셨습니다. 왜냐하면 십자가에서의 죽음은 하나님의 저주를 받은 것이기 때문입니다(갈라디아서 3:15, 신명기 12:23).

제61문 : 무슨 말이죠? 그리스도가 하나님이 보시는 앞에서 저주를 당하게 된 것이라면 하나님의 아들을 모욕하는 것이 아닐까요?
답 : 아니오, 전혀 그렇지 않습니다. 그리스도께서 그 저주를 받음으로써 저주를 없애버리셨습니다. 또한 동시에 우리가 그리스도의 은혜를 누릴 수 있도록 축복받은 상태를 유지하셨습니다.

제62문 : 계속 설명하기 바랍니다.
답 : 죽음은 죄의 대가로 사람에게 주어진 형벌이므로 하나님의 아들이 그 형벌을 받으셨고, 또한 그 죽음의 형벌을 받음으로써 죽음을 이기셨습니다. 다만 그 죽음을 더 확실히 나타내기 위해 실제로 죽음을 당하셨고 다른 사람들처럼 무덤에 묻히게 되었던 것입니다.

Q63 : But it does not appear that we derive any advantage from this victory, since we all die.

A : That is no objection; for death is nothing now to believers, but a passage to a better life.

Q64 : Hence it follows, that death is no more to be dreaded as a formidable thing but we must follow Christ our Leader with an intrepid mind, who, as He did not Himself perish in death, will not suffer us to perish.

A : So we must do.

제63문 : 그렇지만 우리 모두는 죽기 마련이기 때문에 그리스도의 승리로부터 그 어떤 유익도 얻을 수 없는 것 같군요.

답 : 죽음은 전혀 문제가 되지 않습니다. 왜냐하면 이제 신자들에게는 죽음이 아무것도 아니며 오히려 더 나은 삶으로 이어주는 길이기 때문입니다.

제64문 : 그렇다면 죽음은 더 이상 무서운 공포의 대상처럼 생각해서는 안 되고, 그리스도께서 죽음으로 멸망당하시지 않은 것처럼 우리를 멸망하지 않도록 하시는 우리의 인도자 그리스도를 담대한 마음으로 따라야 한다는 말이군요.

답 : 네, 그렇게 해야 합니다.

# 10. The Agony of Jesus Christ

**Q65** : What is to be understood, as to what is immediately added concerning His descent into hell?

**A** : That He not only suffered a natural death, which is the separation of soul and body, but also the pains of death; as Peter calls them(Acts 2:24): and by this phrase I understand those dreadful agonies, by which His soul was straitened.

**Q66** : Relate to me the cause and manner of this suffering.

**A** : As He placed Himself before the tribunal of God, that He might make satisfaction for sinners, it became Him to be tortured with horrible distress of soul, as if He was forsaken of God—nay as if He was hated of God. He was in these pains, when He cried to His Father, *My God, my God, why hast thou FORSAKEN ME!*

# 제10장 예수 그리스도의 고통

제65문 : 바로 이어서 그리스도께서 지옥으로 내려가셨다고 덧붙여진 것은 무슨 뜻입니까?

답 : 영혼과 육체가 분리되는 일반적인 죽음을 당하셨을 뿐만 아니라 베드로가 말한 것처럼(사도행전 2:24) 죽음의 고통을 당하셨다는 뜻입니다. 이 표현을 통해 알 수 있듯이 그리스도께서 끔찍한 고통을 당하셨고 그로 인해 영혼의 괴로움을 당하셨습니다.

제66문 : 이러한 일이 왜 그리고 어떻게 일어났는지 말해주기 바랍니다.

답 : 하나님의 공의를 만족시키기 위해 죄인들 대신 그리스도가 친히 하나님의 법정에 들어가셨으며, 그로 인해 마치 하나님으로부터 버림받은 것처럼 끔직한 영혼의 고통과 함께 육신으로도 고초를 당하셨습니다. 심지어 하나님의 증오를 받으셨다고 표현할 수 있고 *"나의 하나님, 나의 하나님, 어찌하여 나를 버리셨나이까"*라고 아버지 하나님께 울부짖었을 때 그리스도는 그와 같은 고통 가운데 계셨습니다.

Q67 : Was the Father then displeased with Him?

A : By no means but He exercised this severity towards Him, that it might be fulfilled which was spoken by Isaiah the Prophet—"He was wounded for our transgressions, He was bruised for our iniquities (Isaiah 53:4-5)".

Q68 : Since He is God, how could He be seized with this kind of horror, as if He was forsaken of God?

A : We must consider that He was reduced to this necessity, according to the affections of His human nature. And that this might be done, His Divinity in the mean time retired, that is, did not exert its power.

Q69 : But how, again, can it be, that Christ, who is the Saviour of the world, should be subjected to this condemnation?

A : He did not so submit to it as to remain under it. For He was not so seized by those horrors, which have been mentioned, as to be overcome by them, but rather struggling with the power of hell, He subdued and destroyed it.

제67문 : 그렇다면 그리스도에 대해 아버지 하나님이 진노하셨던 건가요?

답 : 결코 그렇지 않습니다. 오히려 격렬한 고통을 그리스도가 당하도록 하심으로써 이사야 선지자를 통해 말씀하신 "그가 찔림은 우리의 허물 때문이요 그가 상함은 우리의 죄악 때문이라"(이사야 53:4~5)는 예언을 성취하신 것입니다.

제68문 : 그리스도가 하나님이라는 사실로 볼 때, 어떻게 하나님으로부터 버림받은 것과 같은 끔찍한 공포에 사로잡힐 수 있다는 말입니까?

답 : 인간 본래의 감정에 따라 어쩔 수 없이 그러한 곤경에 빠져 있었다고 이해해야 합니다. 그러한 고통 중에 계신 동안 그리스도의 신성은 가려져 있었고 신적인 능력은 발휘되지 않았던 것으로 이해해야 합니다.

제69문 : 그러나 다시 생각해 볼 때, 어떻게 세상의 구원자인 그리스도가 이러한 저주의 심판 아래 계실 수 있다는 말입니까?

답 : 저주의 심판 아래 머물러 계실 정도로 복종하지는 않았습니다. 왜냐하면 지금까지 말씀드린 것처럼 그러한 끔찍한 공포에 힘을 쓰지 못할 정도로 사로잡히지는 않았으며, 오히려 지옥의 권세와 싸워서 굴복시키고 멸망시키셨기 때문입니다.

Q70 : Hence we learn, what is the difference between the torment of conscience, which He sustained, and that by which sinners are tortured, who are pursued by the hand of an offended God. For what in Him was temporary, in them is eternal and what in Him was only the piercing of a needle's point, is in them a deadly sword wounding to the heart.

A : So it is. For the Son of God, in the midst of these pains, did not cease to hope in the Father; but sinners, condemned by the judgment of God, rush into desperation, rage against Him, and press on even to open blasphemies.

제70문 : 그러므로 우리가 배우게 되는 사실은, 그리스도께서 견딘 양심의 고통은 분노를 발하신 하나님의 손에 붙잡히게 될 죄인들이 당할 고통과는 차이가 있다는 점입니다. 왜냐하면 그리스도의 고통은 일시적이지만 죄인들의 고통은 영원하기 때문이고, 또한 그리스도의 고통은 단지 바늘 끝으로 찌르는 고통이지만 죄인들의 고통은 심장까지 들어오는 칼이기 때문입니다.

답 : 네, 그렇습니다. 하나님의 아들은 그와 같은 고통 중에서도 하나님 아버지를 향한 희망을 포기하지 않았습니다. 그러나 하나님의 심판으로 저주를 받은 죄인들은 즉시 절망에 빠지고 하나님을 향해 분노하며, 심지어 노골적으로 하나님을 모독합니다.

# 11. The Resurrection of Jesus Christ

Q71 : Are we able to learn from hence, what fruit believers derive from the death of Christ?

A : Yes. And first, we perceive Him to be a sacrifice, by which He expiated our sins before God and thus the wrath of God being appeased, He brought us back into favour with Him. Secondly, that his blood is a fountain, in which our souls are purged from all pollution. Lastly, that by His death our sins are so blotted out, that they shall not come into remembrance before God and thus the hand writing, which held us as guilty, is erased and abolished.

Q72 : Does the death of Christ bring no other benefit to us?

A : Yes truly. For by its efficacy (if indeed we are the true members of Christ) our old man is crucified; the body of sin is so destroyed, that the depraved lusts of the flesh reign no more in us.

## 제11장 예수 그리스도의 부활

제71문 : 그렇다면 우리는 그리스도의 죽음으로부터 신자들이 얻게 되는 유익이 어떤 것인지 알 수 있을까요?

답 : 네, 알 수 있습니다. 먼저, 그리스도가 희생 제물이 됨으로써 하나님 앞에서 우리의 죄를 대속하셨으며 그로 인해 하나님의 진노가 누그러졌고, 하나님과 다시 화목할 수 있게 되었다는 사실을 알게 됩니다. 다음으로 알게 되는 유익은 그리스도의 피가 온갖 죄로부터 오염된 우리의 영혼을 씻을 수 있는 물두멍의 역할을 한다는 것입니다. 마지막으로, 우리의 죄가 하나님 앞에서 다시는 기억되지 않도록 지워지고, 그렇게 됨으로써 죄가 있다고 적혀진 기록조차 완전히 없어진다는 것입니다.

제72문 : 그리스도의 죽음으로부터 얻는 그밖에 다른 유익은 없습니까?

답 : 아닙니다. 다른 유익도 있습니다. (우리가 그리스도의 참된 지체라면) 그리스도의 죽음의 효력에 의해 우리의 옛 사람은 십자가에 못 박히게 되고, 우리 죄의 몸은 죽게 되어 타락한 육체의 탐욕이 더 이상 우리를 다스리지 못하게 됩니다.

Q73 : Proceed to other things.

A : It follows—*The third day he arose again from the dead.* By which He proved Himself, the Conqueror of sin and death.—For by His resurrection, He swallowed up death, broke the bonds of Satan, and reduced his whole power to nothing.

Q74 : How manifold are the benefits which we derive from His resurrection?

A : Three fold. By it, righteousness is obtained for us: It is a sure pledge of our resurrection to a glorious immortality: And by its power, we are even now raised to newness of life, that we may live in pure and holy obedience to the will of God(Romans 4:25. 1 Corinthians 15:22, Romans 6:4).

제73문 : 그 다음 조항을 설명하기 바랍니다.

답 : 그 다음으로는 *사흘 만에 죽은 자 가운데서 다시 살아나셨으며*입니다. 그리스도께서 다시 살아나심으로써 죄와 사망의 승리자가 되었습니다. 부활을 통해 사망을 삼켰고 사탄의 사슬을 끊어버렸으며 사탄의 권세를 짓눌러 버리셨습니다.

제74문 : 그리스도의 부활을 통해 우리가 누리는 유익은 몇 가지나 됩니까?

답 : 세 가지 유익을 누리게 됩니다. 첫째, 그리스도의 부활을 통해 하나님의 의가 우리에게 주어집니다. 둘째, 그리스도의 부활은 우리가 썩지 않고 영광스러운 몸으로 부활할 것이라는 확실한 보증입니다. 셋째, 그리스도 부활의 능력을 힘입어 우리는 지금 당장 새로운 삶으로 거듭나서 정결한 삶과 하나님의 뜻에 순종하는 거룩한 삶을 살게 됩니다(로마서 4:25, 고린도전서 15:22, 로마서 6:4).

# 12. The Ascension of Jesus Christ

Q75 : Let us attend to the next point.
A : *He ascended into Heaven.*

Q76 : Did He so ascend into heaven, that He is no more on earth?
A : Yes truly. For after He had finished all those things, commanded Him of His Father, and which were requisite for our salvation, there was no occasion why He should be longer conversant on earth.

Q77 : What benefit do we derive from this ascension?
A : The fruit is two fold. For in as much as Christ has entered into heaven in our name, as He descended to the earth for our sakes, He has opened to us also that door, which, on account of sin, was before shut. Secondly, He appears in the presence of God, as our Intercessor and Advocate.

Q78 : But has He, by ascending to heaven, so departed, as to be no more with us?
A : By no means. For He promised, that He would be with us even to the end of the world.

# 제12장 예수 그리스도의 승천

제75문 : 그 다음 항목을 알아봅시다.
답 : *[그리스도가] 하늘에 오르시어입니다.*

제76문 : 그리스도가 하늘에 오르셔서 이제는 더 이상 땅 위에 계시지 않습니까?
답 : 네, 그렇습니다. 그리스도께서 아버지의 명령에 따라 우리 구원에 필요한 모든 일을 다 마치신 후에는 더 이상 땅 위에 머물러 계실 필요가 없었기 때문입니다.

제77문 : 그리스도가 하늘에 오르심으로써 우리가 얻게 되는 유익은 무엇입니까?
답 : 두 가지 유익이 있습니다. 첫째, 그리스도가 우리를 위해 이 땅에 오신 것처럼 우리를 위해 하늘로 올라가심으로써 우리의 죄로 인해 전에 닫혀 있었던 그 문을 다시 우리를 위해 열어 놓은 사실입니다. 둘째, 그리스도는 우리의 중보자와 변호자로서 하나님 앞에 나아가십니다.

제78문 : 그러면 그리스도가 하늘에 오르심으로써 우리를 떠나셨고, 이제는 더 이상 우리와 함께 계시지 않는 것입니까?
답 : 결코, 그렇지 않습니다. 왜냐하면 이 세상 끝 날까지 우리와 함께하시겠다고 약속하셨기 때문입니다.

Q79 : But by this dwelling with us, are we to understand His bodily presence?

A : No. For the manner in which His body is received into heaven, is one thing; and the presence of His power which is diffused every where, is another.

Q80 : In what sense do you say that *he sits at the right hand of God the Father?*

A : These words signify, that the Father has given to Him the domination of heaven and earth, that He should govern all things(Matthew 28:20).

Q81 : What do you understand by this right hand and by this sitting?

A : It is a similitude taken from earthly Princes, who are accustomed to place, at their right hand, those who act as their ministers.

Q82 : Do you mean the same thing, as that which Paul declares: viz. That Christ is constituted head over all things to the Church, and being exalted above all principalities, He has obtained a name which is above every name(Ephesians 1:22, Philippians 2:9)?

A : Yes, it is so.

제79문 : 그런데 우리와 함께하시겠다는 약속을 그리스도가 육체적으로 계신다는 것으로 이해해야 합니까?

답 : 아닙니다. 전혀 다른 두 가지 방식으로 존재합니다. 하늘로 올라가신 그리스도의 몸과 세상 모든 곳에 존재하는 그리스도의 능력입니다.

제80문 : 어떤 뜻으로 *아버지 하나님 우편에 앉아 계시다*라고 말합니까?

답 : 이 말의 뜻은 그리스도가 모든 것을 통치하도록 아버지 하나님이 하늘과 땅의 모든 권세를 그리스도에게 주셨다는 것입니다(마태복음 28:20).

제81문 : 우편과 앉아 계심을 어떻게 이해합니까?

답 : 이 말은 세상의 군주들이 자신들을 대신하여 다스릴 자들을 우편에 앉게 하는 관습에서 비롯된 비유입니다.

제82문 : 바울이 선포한 대로 그리스도는 만물 위에 교회의 머리가 되었고, 모든 주권보다 더 높아졌으며, 모든 이름 위에 뛰어난 이름을 받으셨다고 이해합니까(에베소서 1:22, 빌립보서 2:9)?

답 : 네, 그렇습니다.

# 13. Jesus Christ, the Judge

Q83 : Let us pass to that which follows.

A : *From hence he shall come to judge the quick and the dead.* The meaning of which words is, that He will as openly come from heaven, to judge the world, as He was seen to ascend into heaven(Acts 1:11).

Q84 : As the day of judgment will not be till the end of the world, how do you say that there will be some of mankind remaining as it is appointed unto all men once to die(Hebrews 9:27-28).

A : Paul answers this question, when he says that those who are then alive shall be made new by a sudden change, that the corruption of the flesh being put off, they may put on incorruption(1 Corinthians 15:51, 1 Thessalonians 4:17).

Q85 : You understand then that this change will be the same to them, as death: as it will be the abolishing of the first nature, and the beginning of a new life.

A : So I understand it.

# 제13장 심판주 예수 그리스도

제83문 : 다음에 이어지는 조항으로 넘어갑시다.
 답 : *거기로부터 살아 있는 자와 죽은 자를 심판하러 오십니다*입니다. 이 말의 뜻은 그리스도가 하늘에 오르실 때 보여주셨듯이 세상을 심판하시기 위해 하늘로부터 공개적으로 오신다는 것입니다(사도행전 1:11).

제84문 : 심판 날은 세상의 종말에 올 것이고 모든 사람이 한 번 죽는 것은 정해진 일이라면 어떻게 일부 사람이 남아 있을 것이라고 말합니까(히브리서 9:27~28)?
 답 : 바울은 이 문제에 대해 답하기를, 그때 살아 있는 사람들은 갑자기 변화되어서 썩을 육체를 벗어버리고 썩지 않을 육체를 입게 될 것이라고 말합니다(고린도전서 15:51, 데살로니가전서 4:17).

제85문 : 그러면 이러한 변화는 그들에게 죽음과 같은 것으로 그들의 처음 본성이 소멸되어 새로운 삶이 시작된다는 것으로 알고 있군요.
 답 : 네, 그렇게 알고 있습니다.

Q86 : May not our minds receive consolation from this, that Christ is one day to be the Judge of the world?

A : Yes, singular consolation. For by this we certainly know that He will come, for our salvation.

Q87 : We should not then so fear this judgment, as to have it fill us with dread.

A : By no means. For we shall then stand before the tribunal of the Judge, who is also our Advocate and who will receive us into His confidence and charge.

제86문 : 그리스도가 어느 날 세상의 심판자가 될 것이라는 사실을 통해 우리는 양심의 기쁨을 누리지 않을까요?

답 : 네, 그 무엇과 비교할 수 없는 기쁨을 누리게 됩니다. 왜냐하면 우리는 우리의 구원을 위해 그리스도가 반드시 오실 것으로 알고 있기 때문입니다.

제87문 : 그렇다면 우리는 최후의 심판이 마치 우리를 공포 속으로 몰아넣을 만큼 무서운 것으로 생각하지 않아야겠군요.

답 : 네, 결코 무서워할 필요가 없습니다. 왜냐하면 우리는 심판자의 심판대 앞에 서게 되지만, 그 심판자는 동시에 우리의 변호자로서 우리를 신실하게 보호해주실 것이기 때문입니다.

# 14. Believing in the Holy Spirit

Q88 : Let us now come to the third part.
A : That is concerning Faith *in the Holy Spirit.*

Q89 : Of what use is that to us?
A : Truly in this respect, that we may know, that as God has redeemed and saved us by His Son, so He will make us partakers of this redemption and salvation by the Holy Spirit.

Q90 : In what manner?
A : In as much as we have cleansing by the blood of Christ so it is necessary, that our consciences be sprinkled with it, that they may be purified(1 Peter 1:2).

# 제14장 성령에 대한 믿음

제88문 : 이제 세 번째 부분으로 넘어갑시다.
　답 : 세 번째는 성령에 대한 믿음입니다.

제89문 : 이 믿음이 우리에게 주는 유익은 무엇입니까?
　답 : 이 믿음으로 우리는 확실한 유익을 얻는데, 하나님의 아들 그리스도를 통해서 하나님이 우리를 구속하시고 구원하시는 것과 마찬가지로 성령을 통해서 이 구속과 구원을 우리가 받아 누리도록 하신다는 사실을 알게 되는 것입니다.

제90문 : 어떻게 그렇게 됩니까?
　답 : 우리가 깨끗하게 되는 것은 그리스도의 피로써 가능합니다. 그러므로 우리가 거룩해질 수 있도록 [성령을 통해서] 그리스도의 피가 우리의 양심에 뿌려집니다(베드로전서 1:2).

**Q91 :** This requires a more clear exposition.

**A :** I understand, that the Holy Spirit, dwelling in our hearts, operates so that we may experience the power of Christ. For it is by the illumination of the Holy Spirit that we understand the benefits we derive from Christ; by His persuasion they are sealed in our hearts; and He prepares in us a place for them; He also regenerates us and makes us new creatures. Therefore, whatever gifts are offered us in Christ, we receive by the power of the Spirit(Romans 8:11, Ephesians 1:13).

**제91문** : **이 점에 대해 좀 더 분명한 설명이 필요하군요.**

**답** : 우리 마음에 거주하시는 성령이 우리로 하여금 그리스도의 능력을 경험하도록 일하십니다. 이는 성령이 우리에게 빛을 비추어 주셔서 그리스도로부터 얻는 유익을 깨달아 알도록 도와주시는 것입니다. 즉, 성령이 우리를 깨닫게 하셔서 그리스도를 통해 누리는 유익이 우리 마음에 각인되도록 해주십니다. 또한 성령은 우리 마음에 은혜가 자리할 공간을 만들어주십니다. 성령은 우리를 거듭나게 하셔서 새로운 피조물로 만들기도 하십니다. 그러므로 그리스도 안에서 어떤 선물이 주어지든지 우리는 성령의 능력으로 받게 되는 것입니다(로마서 8:11, 에베소서 1:13).

# 15. Believing in the Church

Q92 : Let us proceed.
A : The fourth part follows in which we profess to believe in the *Holy Catholic Church.*

Q93 : What is the Church?
A : The body and society of believers, whom God has predestinated unto eternal life.

Q94 : Is this article necessary to be believed?
A : Yes, truly, unless we would render the death of Christ without effect, and account all that we have said, for nothing. For this is the sole purpose of all, that there should be a Church.

Q95 : You understand then, that the cause of salvation has been hitherto treated of, and its foundation shown, when you explained, that we were received into the favour of God, by the merits and intercession of Christ and that this grace is confirmed in us by the power of the Holy Spirit. But now the effect of all these is to be unfolded, so that from the very subject itself, Faith may be more firmly established.
A : It is so.

# 제15장 교회에 대한 믿음

제92문 : 그 다음으로 넘어갑시다.
답 : 네 번째 부분의 내용은 *거룩한 공교회*에 대한 믿음을 고백하는 것입니다.

제93문 : 교회란 무엇입니까?
답 : 하나님이 영원한 생명을 주시기로 예정하신 신자들로 이루어진 몸이요 연합체입니다.

제94문 : 이 조항을 반드시 믿어야 합니까?
답 : 물론입니다. 그리스도의 죽음을 효력 없는 것으로 만들거나 우리가 지금까지 말한 모든 내용을 무익한 것으로 만들지 않으려면 당연히 믿어야 합니다. 이 모든 효력이 바로 교회를 존재하게 하는 유일한 목적이기 때문입니다.

제95문 : 지금까지 구원의 원인을 다루면서 그 근거에 대해서도 살펴보았습니다. 지금까지 설명한 것을 볼 때, 우리는 그리스도의 공로와 중재를 통해 하나님의 총애 안으로 받아들여지고, 성령은 이러한 은혜가 우리 안에 있음을 그 능력으로써 확증해주십니다. 그러나 우리의 신앙을 더욱 견고히 세우기 위해서는 여기에 그치지 않고 이러한 구원의 원인과 근거에 대한 결과를 설명해서 알도록 해야 합니다.
답 : 네, 맞습니다.

**Q96** : But why do you call the Church holy?

**A** : Because those whom God elects, He justifies, and purifies in holiness and innocence of life, to make His glory shine forth in them. And this is what Paul means, when he says, that Christ sanctified the Church, which He redeemed, that it might be glorious and pure from every spot(Romans 8:30, Ephesians 5:25-27).

**Q97** : What do you mean by the epithet Catholic or universal?

**A** : By that we are taught, that as there is one head of all believers, so it becomes all to be united in one body, that there may be one Church and no more, spread throughout all the world(Ephesians 4:15, 1 Corinthians 12:12).

**Q98** : What is the meaning of what is next added, *the communion of saints?*

**A** : This is laid down, to express more clearly the unity which is among the members of the Church. At the same time, it intimates, that whatever benefits God bestows on the Church, respect the common good of all, as all have a communion among themselves.

제96문 : 왜 교회를 거룩하다고 말합니까?
답 : 하나님은 하나님께서 선택하신 사람들을 의롭게 하셔서 거룩하고 순전한 삶을 살도록 새롭게 변화시킴으로써 하나님의 사람들 가운데서 영광이 드러나도록 하십니다. 이는 또한 사도 바울이 뜻한 것으로 그리스도께서 구속하신 교회를 거룩하게 하셔서 영광스럽고 흠이 없게 하신다고 말하기 때문입니다(로마서 8:30, 에베소서 5:25~27).

제97문 : 교회라는 단어 앞에 덧붙여진 '공' 또는 '보편적'이라는 말의 뜻은 무엇입니까?
답 : 이 말을 통해 배우게 되는 것은 모든 신자의 머리가 하나이기 때문에 몸 역시 하나로 연합해야 하고, 세상에 흩어져 있는 교회가 여럿이 아니라 하나라는 사실입니다(에베소서 4:15, 고린도전서 12:12).

제98문 : 다음에 덧붙여진 *성도의 교제*라는 말의 뜻은 무엇입니까?
답 : 이 말이 뜻하는 것은 교회 구성원들 사이에 존재하는 연합을 더욱 분명히 표현하는 것입니다. 동시에 하나님이 교회에 주시는 모든 혜택은 모든 신자가 서로 교통하듯이 구성원들 모두의 선을 위한 것입니다.

# 16. Knowing the Church

Q99 : But is this holiness, which you attribute to the Church, already perfect?

A : Not yet, not so long, indeed, as it is militant in this world. For it will always labour under infirmities nor will it ever be entirely purified from the remains of corruption, until it shall be completely united to Christ its head, by whom it is sanctified.

Q100 : Can this Church be otherwise known, than as it is discerned by Faith?

A : There is indeed a visible Church of God, which He has designated to us by certain signs and tokens but we now treat expressly of the congregation of those, whom He has elected to salvation. But this is neither known by signs, nor at any time discerned by the eyes.

Q101 : What article follows next?

A : *I believe the forgiveness of sins.*

Q102 : What does the word forgiveness signify?

A : That God, by His gratuitous goodness, will pardon and remit the sins of believers, so that they shall neither

## 제16장 교회에 대한 지식

제99문 : 교회를 거룩하다고 하였는데 그러면 이미 완전히 거룩해 졌다는 말입니까?

답 : 아니오, 교회가 세상에서 싸우고 있는 한 아직은 결코 아닙니다. 교회의 머리요, 교회를 거룩하게 하시는 그리스도가 교회를 완전히 하나 되게 하시기 전까지는 교회는 항상 불완전한 상태에서 힘써야 하고 타락의 잔재로부터 결코 완전히 거룩해질 수는 없기 때문입니다.

제100문 : 믿음으로 교회를 알게 되는 것 외에 다른 방법으로도 알려질 수 있습니까?

답 : 사실 특정한 표지와 표시로 정해져 있는 눈에 보이는 하나님의 교회가 있습니다. 그러나 우리가 지금 분명하게 다루고 있는 사람들의 모임은 하나님께서 구원에 이르도록 선택하신 사람들로, 이들은 표지들에 의해 식별될 수도 없고 언제라도 우리 눈으로 알아볼 수 있는 것도 아닙니다.

제101문 : 그 다음 조항은 무엇입니까?

답 : *죄를 용서받는 것을 믿는다*는 것입니다.

제102문 : 용서라는 말은 어떤 뜻입니까?

답 : 하나님께서 값없이 베푸시는 자비로써 신자들을 용서하고 그들의 죄를 대신 갚아주셔서 그들이 심판에 이르

come into judgment, nor have punishment exacted of them.

Q103 : Hence it follows, that we can by no means merit, by personal satisfactions, that pardon of sins, which we obtain from the Lord.
A : It is true. For Christ alone, by suffering the penalty, has finished the satisfaction. As to ourselves, we have nothing at all, which we can offer to God as a compensation but we receive the benefit of pardon from His pure goodness and liberality.

Q104 : Why do you connect forgiveness of sins with the Church?
A : Because no one obtains it, only as he is first united to the people of God, and perseveringly cherishes this union with the body of Christ even to the end and in that manner gives evidence, that he is a true member of the Church.

Q105 : By this rule you determine, that there is no condemnation or destruction, except to those who are without the Church?
A : It is so. For from those who make a separation from the body of Christ, and by factions destroy its unity, all hope of salvation is cut off; in so far as they continue in this separation.

지 않을뿐더러 마땅히 당하게 될 형벌을 받지 않도록 해주시는 것입니다.

제103문 : 그렇다면 우리가 갚아야 할 것에 대해 우리가 개인적인 보상을 함으로써 죄를 용서받을 자격이 있는 것이 아니라 오직 용서는 우리 주님으로부터 받는다는 결론이군요.
답 : 네, 맞습니다. 왜냐하면 오직 그리스도 홀로 형벌을 당하심으로써 공의를 만족시키는 일을 하셨기 때문입니다. 우리 자신으로 말할 것 같으면, 우리가 하나님께 보상으로써 드릴만한 것이라곤 도무지 없고, 다만 하나님의 완전한 선과 자비로움으로부터 용서의 혜택을 누릴 수 있을 뿐입니다.

제104문 : 죄의 용서를 교회와 관련시키는 이유는 무엇입니까?
답 : 왜냐하면 먼저 하나님의 백성과 연합된 후 그리스도의 몸과 하나가 된 상태를 끝까지 끈기 있게 유지함으로써 교회의 참된 지체라는 사실을 증명하지 못한 이상 그 어떤 사람도 죄에 대한 용서를 받을 수 없기 때문입니다.

제105문 : 그러한 원칙을 통해 교회 밖에 있는 사람들에게는 저주와 멸망뿐이라는 결론을 내리는 것입니까?
답 : 네, 그렇습니다. 그리스도의 몸으로부터 분리되는 사람들과 분열을 통해 그리스도의 한 몸을 파괴하는 사람들은 그와 같은 일을 계속 유지하는 한, 모든 구원의 소망으로부터 끊어지게 됩니다.

# 17. Resurrection & Eternal Life

Q106 : Recite the last article.

A : *I believe the resurrection of the body and the life everlasting.*

Q107 : For what purpose is this article of Faith put in the Confession?

A : To admonish us that our happiness is not to be placed in this world. The knowledge of this has a twofold advantage and use. By it we are taught, first, that this world is to be passed through by us, merely as strangers—that we may think continually of our departure, and not suffer our hearts to be entangled with earthly anxieties. And secondly, that we should not, in the mean time, despair in our minds, but patiently wait for those things which are as yet hidden and concealed from our eyes, being the fruits of grace, laid up for us in Christ, until the day of revelation.

Q108 : What will be the order of this resurrection?

A : Those who were before dead will receive the same bodies in which they dwelt on earth; but endowed with a new quality, that is, to be no more obnoxious to death and corruption. But those who shall be living

# 제17장 부활과 영생

제106문 : 마지막 조항을 말하기 바랍니다.
  답 : *몸의 부활과 영생을 믿습니다*입니다.

제107문 : 어떤 목적으로 이 조항이 신앙고백에 들어가 있습니까?
  답 : 우리의 행복이 이 세상에 있는 것이 아니라는 사실을 깨닫도록 하는 것입니다. 이것을 알면 두 가지 유익한 점이 있습니다. 하나는 우리가 이 세상에서 나그네로 살면서 언제든지 떠나야 한다는 사실을 생각하게 하고, 우리의 마음이 세상의 근심거리들로 인해 복잡해지지 않아야 함을 배우게 됩니다. 다른 하나는 그렇게 살아가는 동안 그리스도 안에서 우리를 위해 베풀어 주신 은혜의 열매가 여전히 우리 눈에 보이지 않게 숨겨져 있고 감춰져 있더라도 드러나게 될 날을 기다리면서 낙심하지 않고 참고 기다려야 한다는 사실을 배우게 됩니다.

제108문 : 이 부활은 어떻게 일어납니까?
  답 : 이미 죽은 사람들은 땅에서 살았던 때와 같은 몸을 가지게 되지만 더 이상 죽거나 썩게 될 몸이 아닌 새로운 성질의 몸을 가지게 될 것입니다. 그러나 부활의 날이 올 때까지 살아 있는 자들은 하나님께서 갑작스럽게 변화시킴으로써 기적같이 일으켜 세우실 것입니다(고린도전서 15:53).

at that day, God will marvellously raise up with a sudden change(1 Corinthians 15:53).

Q109 : But will it be common at once to the just and the unjust?

A : There will be one resurrection of all; but the condition will be different: Some will be raised to salvation and glory: others to condemnation, and final misery (Matthew 25:46, John 5:29).

Q110 : Why then is eternal life spoken of, in the Creed and no mention made of the wicked?

A : Because nothing is treated of in that summary but what relates to the consolation of pious minds: Therefore, those blessings only are considered which the Lord has prepared for His servants. For this reason nothing is said about the condition which awaits the wicked, whom we know to be aliens from the kingdom of God.

제109문 : 하지만 부활이 의로운 사람들과 불의한 사람들 모두에게 일어납니까?

   답 : 모든 사람에게 부활은 똑같이 일어날 것이지만 부활의 상태는 다릅니다. 어떤 사람들은 구원에 이르는 영광으로 부활하지만 또 어떤 사람들은 비참한 최후의 심판을 받게 될 저주로 부활하게 됩니다(마태복음 25:46, 요한복음 5:29).

제110문 : 그렇다면 왜 사도신경에는 악한 자들에 대한 말 대신 영원한 생명에 대해서만 언급되어 있습니까?

   답 : 사도신경의 간략한 내용으로는 경건한 자들의 마음에 위로를 주는 것 외에는 아무 내용도 다루지 않기 때문입니다. 그러므로 주님이 그의 종들을 위해 예비해두신 축복만 말해줍니다. 그러한 이유 때문에 우리가 알다시피 하나님 나라에 속하지 않은 악한 자들이 처해지게 될 상태에 대해서는 아무런 말이 없는 것입니다.

# 18. True Faith

Q111 : Since we hold the foundation on which Faith depends, it will be easy to infer from thence the definition of true Faith.

A : It is so, and thus we may define it—Faith is the certain and stable knowledge of the paternal benevolence of God towards us, according to His testimony in the Gospel; that He will be to us, for the sake of Christ, a Father and a Saviour.

Q112 : Do we obtain that of ourselves, or do we receive it from God?

A : The Scriptures teach us, that it is the special gift of God, and experience confirms the testimony.

Q113 : Inform me what experience.

A : Truly, our understandings are too weak to comprehend that spiritual knowledge of God, which is revealed to us by Faith; and our hearts have too strong a propensity to distrust God, and to put a reverse confidence in ourselves or the creatures, for us to submit to Him of our own mere motion. But the Holy Spirit makes us capable, by His own illumination, of understanding those things, which would otherwise

# 제18장 참된 믿음

제111문 : 믿음의 기초에 대해 알게 되었기 때문에 참된 믿음이 무엇인지 쉽게 알 수 있겠군요.
답 : 네, 그렇습니다. 그래서 믿음이란, 그리스도를 통해서 하나님은 우리의 아버지가 되고 구원자가 된다고 복음이 증명하듯이, 하나님께서 우리를 향해 베푸시는 아버지로서의 사랑에 대해서 우리가 가지는 분명하고 변함없는 지식이라 정의할 수 있습니다.

제112문 : 그 믿음은 우리 스스로 가지는 것입니까? 아니면 하나님으로부터 받는 것입니까?
답 : 성경은 이 믿음을 하나님이 주시는 특별한 선물이라 가르치며, 우리는 경험을 통해 확실히 알게 됩니다.

제113문 : 어떤 경험인지 설명해주기 바랍니다.
답 : 믿음이라는 선물로써 우리에게 드러내주는 영적인 하나님의 지혜를 우리의 빈약한 이해력으로는 도저히 깨달을 수 없습니다. 게다가 우리의 마음은 하나님을 불신하는 경향이 너무 강한 나머지 오히려 우리 자신이나 피조물에 대한 왜곡된 확신을 갖게 되며, 겨우 우리 자신의 의견에 불과한 얄팍한 생각으로 하나님을 대하는 경향이 있습니다. 하지만 성령께서 우리 마음에 빛을 비추어 주심으로써 우리의 지적 능력으로는 도저히 깨달을 수 없는 것들을 이해할 수 있게 하시고, 구원에 대한 약속

very far exceed our capacity, and forms in us a sure persuasion, by sealing in our hearts the promises of salvation.

Q114 : What benefit arises to us from this Faith, when we have once obtained it?

A : It justifies us before God, and by this justification makes us heirs of eternal life.

Q115 : What? Are not men justified by good works, when by living an innocent and holy life, they study to approve themselves to God?

A : If any one could be found thus perfect, he might well be called just; but since we are all sinners, in many ways guilty before God, that worthiness which may reconcile us to Him must be sought by us in some other way.

을 우리 마음에 새겨 주심으로써 하나님을 신뢰하도록 우리를 확실히 설득하십니다.

**제114문 :** 우리가 이 믿음을 가지면 어떤 유익을 얻습니까?
**답 :** 믿음은 우리를 하나님 앞에서 의롭게 해줍니다. 그리고 의롭다고 인정받음으로써 우리는 영원한 생명을 상속받습니다.

**제115문 :** 무슨 말이죠? 순전하고 거룩한 삶으로 하나님께 인정받으려고 노력하면 그 선한 행위로써 의롭게 여겨지는 것이 아닌가요?
**답 :** 어느 누구든 그렇게 완전할 수 있다면 당연히 의롭다고 여겨질 것입니다. 하지만 우리 모두 하나님 앞에 여러모로 죄책을 지고 있는 죄인들이기 때문에 우리를 하나님과 화목하게 해줄 수 있는 가치 있는 존재를 다른 방법으로 찾아야 합니다.

# 19. Righteousness by Faith

Q116 : But are all the works of men so polluted, and of no value, that they deserve no favour with God?

A : from us, as they are properly called ours, are polluted, and therefore avail nothing, but to displease God, and be rejected by Him.

Q117 : You say then, that before we are born again, and created anew by the Spirit of God, we can do nothing but sin; as a corrupt tree brings forth only corrupt fruit(Matthew 7:18).

A : It is wholly so; for whatever appearance our works may have in the eyes of men, they are altogether evil, as long as the heart is corrupt; at which God especially looks.

Q118 : Hence you infer, that we cannot, by any merits of our own, come before God and challenge His favour: but rather, in all our undertakings and pursuits, we expose ourselves to His wrath and condemnation.

A : So I think. Therefore it is of His mere mercy, and not from any respect to outworks, that He freely embraces us in Christ, and holds us accepted, by accounting that righteousness of His, which is accepted by us, as our

# 제19장 믿음으로 말미암는 의

제116문 : 그러나 사람의 모든 행위가 죄로 물들어 있을 정도로 가치 없는 것이어서 하나님의 은총을 입을 수 없다는 것입니까?

답 : 무엇보다도 우리에게서 나오는 모든 것, 즉 우리 것이라 여기는 모든 것은 죄로 물들어 있어서 아무런 소용이 없을뿐더러 오히려 하나님을 불쾌하게 만드는 것이기 때문에 하나님으로부터 거절당하게 됩니다.

제117문 : 그러니까 우리가 성령으로 거듭나서 새로운 피조물이 되기 전에는 나쁜 나무가 오로지 나쁜 열매를 맺듯이 우리가 행하는 것은 오직 죄밖에 없다는 말이군요(마태복음 7:18).

답 : 네, 전적으로 그렇습니다. 특히 하나님이 들여다보시는 우리 마음이 부패한 상태라면 우리 행위들이 사람들의 눈에 어떤 모습으로 보이든 상관없이 모두 악할 뿐이기 때문입니다.

제118문 : 그렇다면 지금 말한 대로라면 우리 자신의 어떤 공로로도 하나님 앞에 나아갈 수도 없고 은총을 기대할 수도 없으며, 오히려 우리가 하고 있는 일이나 앞으로 하고자 하는 모든 것은 하나님의 진노와 저주를 일으킬 뿐이라는 말이군요.

답 : 네, 그렇습니다. 그러므로 우리를 그리스도 안에서 거리

own; and not imputing our sins unto us(Titus 3:5).

Q119 : In what manner then do you say that we are justified by Faith?

A : When by a sure confidence of heart, we embrace the promises of the gospel, then we obtain possession of this righteousness.

Q120 : You mean this then: That this righteousness is so to be received by Faith as it is offered unto us, of God, in the gospel.

A : Yes.

낌 없이 받아 주시는 것은 순전히 하나님의 자비일 뿐이지 우리 선행의 결과가 아닙니다. 이는 그리스도의 의를 우리의 것으로 받을 수 있도록 해서 우리의 의로 여겨 주시고 또한 우리의 죄를 우리에게 돌리지 않음으로써 우리를 받아 주시는 것입니다(디도서 3:5).

제119문 : 그렇다면 어떤 뜻에서 우리가 믿음으로 의롭게 된다고 말하는 것입니까?
답 : 우리가 진심어린 확신으로 복음의 약속을 받아들일 때 이러한 그리스도의 의를 소유하게 됩니다.

제120문 : 그러면 그리스도의 의는 복음을 통해 하나님이 우리에게 주시는 것이므로 우리가 믿음으로 받아들여야 한다는 뜻이군요.
답 : 네, 그렇습니다.

# 20. Good Works

Q121 : But when God has once embraced us, are not those works acceptable to Him, which we do by the influence of the Holy Spirit?

A : They please Him so far as He freely renders them worthy by His own favour; but not from the merit of their own worthiness.

Q122 : But since they proceed from the Holy Spirit, do they not merit His acceptance?

A : No, because they have always some mixture of pollution from the infirmity of the flesh, by which they are defiled.

Q123 : Whence then, and in what way, do they become pleasing to God?

A : It is Faith alone which renders them acceptable: then we may rest assuredly on this confidence, that they shall not come to the sentence of the last trial, as God will not examine them by the rule of His severity; but covering their impurities and spots, by the purity of Christ, He will account them as if they were perfect.

# 제20장 선행

제121문 : 일단 하나님이 우리를 받아 주셨다면 그 이후로 성령의 인도하심 아래서 행한 선행은 하나님이 받아 주시지 않을까요?
답 : 하나님이 은혜로써 기꺼이 가치 있게 여겨 주시는 한 그러한 선행도 하나님을 기쁘게 합니다. 하지만 그러한 일 자체에 가치가 있는 것은 아닙니다.

제122문 : 하지만 그런 행위가 성령의 인도하심 아래서 시작된 것인데도 하나님이 받으실 만한 가치가 없다는 것인가요?
답 : 네, 그렇습니다. 왜냐하면 우리의 행위는 육체의 연약함 때문에 항상 어느 정도는 오염되어 있어서 이로 인해 더럽혀지기 때문입니다.

제123문 : 그렇다면 어떻게 그런 행위가 하나님을 기쁘게 할 수 있습니까?
답 : 그런 행위가 받아들여지는 것은 오직 믿음을 통해서만 가능합니다. 그 믿음으로써 하나님이 엄격한 원칙에 따라 우리의 행위를 조사하여 마지막 심판에 부치는 일이 없을 것이라고 확신하며, 오히려 우리 행위의 결점과 흠을 그리스도의 순결로써 덮어주시고 우리 행위가 마치 완전한 것처럼 여겨주실 것이라고 확신하게 됩니다.

Q124 : Shall we understand from thence, that a Christian is justified by his works, after he is called of God, or that he can obtain by their merit, that he should be loved of God, whose love to us is eternal life?

A : By no means; but let us rather believe what is written, that no man living can be justified before God; and therefore we pray: Enter not into judgment with us(Psalms 143:2).

Q125 : Must we then conclude, that the good works of believers are useless.

A : No, for God has promised a reward to them, both in this world and in the life to come. But this reward proceeds from the gratuitous love of God as from a fountain; as He first embraces us as sons; and then by blotting out the remembrance of our sins, He follows with His favour those things which we do.

Q126 : But can that righteousness be separated from good works; so that he who has that may be destitute of these?

A : This cannot be done. For to believe in Christ is to receive Him as He offers Himself to us. Now He not only promises to us deliverance from death, and reconciliation with God, but at the same time also, the grace of the Holy Spirit, by which we are regenerated in newness of life. It is necessary that these things be united together, unless we would divide

제124문 : 그렇다면 그런 점에서 우리는 하나님의 부르심을 받은 이후에 행함으로 또는 행한 공로로 인해서 의롭다 함을 받고, 우리에게 영원한 생명으로 주어지는 하나님의 사랑을 받는다는 것으로 이해해도 될까요?

답 : 결코 그렇게 이해하면 안 됩니다. 오히려 우리는 성경에 기록된 대로 "하나님 앞에는 의로운 인생이 없나이다"라고 고백해야 하고, 그래서 "우리에게 심판을 행하지 마소서"라고 기도해야 합니다(시편 143:2).

제125문 : 그러면 신자들의 선행은 아무런 쓸모가 없는 것으로 결론지어야겠군요.

답 : 아니오, 그럴 수는 없습니다. 왜냐하면 하나님께서는 선행에 대한 상급을 이 세상은 물론 다가오는 삶에서도 누릴 수 있도록 약속하셨기 때문입니다. 그러나 이 상급은 솟아나는 샘물처럼 무한한 사랑에서 나오는 것입니다. 먼저 하나님은 우리를 하나님의 아들들로 받아 주시고, 그런 다음 우리의 죄에 대한 기억을 완전히 지워 주시며, 우리가 하는 일에 대해 은총으로 함께하십니다.

제126문 : 하지만 의롭다 함을 받은 사람에게 선행이 없을 정도로 의와 선행은 별개의 관계가 될 수 있습니까?

답 : 그렇게 될 수 없습니다. 왜냐하면 그리스도를 믿는다는 것은 그리스도께서 자신을 우리에게 주시는 것을 우리가 받아들이는 것입니다. 이때 그리스도는 사망으로부터의 구원과 하나님과의 화해를 약속하시는 것뿐만 아니라 동시에 성령의 은혜로 우리를 새롭게 거듭나도록 하십니다. 이러한 일은 그리스도와 우리를 분리시킬 수 없는 것처럼 하나로써 함께 일어나는 법이며 의와 선행

Christ from Himself.

Q127 : It follows from this, that Faith is the root, from which all good works originate; and cannot, by any means, make us slothful about them.

A : It is true: And therefore the whole doctrine of the gospel is contained in these two points, Faith and Repentance.

도 마찬가지입니다.

제127문 : 그렇다면 모든 선행의 뿌리이면서 우리가 선을 행하는 일에 결코 나태하지 않도록 하는 것이 믿음이라는 것이군요.

답 : 네, 정말 그렇습니다. 그러므로 복음에 대한 온전한 교리는 믿음과 회개라는 이 두 가지 면을 포함합니다.

# 21. Repentance & the Law

Q128 : What is Repentance?

A : It is a hatred of sin and a love of righteousness, proceeding from the fear of God: leading us to a denial and mortification of the flesh, so that we may give up ourselves to be governed by the Holy Spirit, and perform all the actions of our lives in obedience to the will of God.

Q129 : But this last point was, in the division, laid down in the beginning, when you stated the true method of honoring God.

A : Yes, it was then observed, that the true and legitimate rule of glorifying God, was to obey His will.

Q130 : How so?

A : Because the service which God approves is not that which we may please to feign to ourselves, but that which He has prescribed by His own counsel.

## 제21장 회개와 율법

제128문 : 회개란 무엇입니까?
답 : 회개란 하나님을 경외함으로써 시작되는 것으로, 죄를 미워하고 의를 사랑하는 것입니다. 또한 육체를 부인하고 죽임으로써 우리 자신을 포기하고 성령의 인도를 받는 것이며, 우리 삶의 모든 행위를 하나님의 뜻에 따라 순종하는 일에 맞추는 것입니다.

제129문 : 그러나 방금 마지막 말은 이 문답의 시작 부분에서 하나님이 마땅한 영예를 누리도록 하는 참된 방법에 대해 언급한 내용이군요.
답 : 네, 그렇습니다. 하나님을 영화롭게 하는 참되고 마땅한 법은 하나님의 뜻에 순종하는 것이라고 말했습니다.

제130문 : 어떻게 그렇습니까?
답 : 하나님이 인정하시는 섬김은 우리가 좋을 대로 상상해서 행하는 것이 아니라 하나님의 뜻에 따라 정해진 대로 행하는 것이기 때문입니다.

# 제2부
# 율법에 대한 교리

The Doctrines of THE LAW

# That is, of the Ten Commandments of God

Q131 : WHAT rule of life has God given to us?
A : His Law.

Q132 : What does that contain?
A : It is divided into two parts: The first contains four commandments, and the other six. Thus the whole law is summed up in ten commandments.

Q133 : Who is the author of this division?
A : God Himself, who delivered it to Moses written on two tables and it is often declared to be comprised in ten commandments(Exodus 24:12; 32:15; 34:1 Deuteronomy 4:13; 10:4).

Q134 : What is the subject of the first table?
A : It treats of the duties of religion towards God.

Q135 : What is the subject of the second table?
A : Our duties to men, and our conduct towards them.

# 하나님의 십계명에 대한 교리

제131문 : 하나님이 우리에게 주신 삶의 원칙은 무엇입니까?
답 : 하나님의 율법입니다.

제132문 : 무슨 내용이 들어 있습니까?
답 : 율법은 두 부분으로 나뉘어 있습니다. 첫째 부분은 네 개의 계명들, 둘째 부분은 여섯 개의 계명으로 되어 있습니다. 그러므로 율법은 모두 열 개의 계명으로 이루어져 있습니다.

제133문 : 이렇게 나눈 분은 누구입니까?
답 : 하나님이 친히 나누셨습니다. 두 돌판에 새겨진 율법을 하나님이 모세에게 전해 주셨고, 열 개의 계명으로 선포되었습니다(출애굽기 24:12; 32:15; 34:1, 신명기 4:13; 10:4).

제134문 : 첫째 돌판의 주제는 무엇입니까?
답 : 하나님께 대한 경건의 의무들입니다.

제135문 : 둘째 돌판의 주제는 무엇입니까?
답 : 사람들에 대한 행동의 의무들입니다.

# 22. The First Commandment

Q136 : Which is the first commandment?

A : *Hear, Israel, I am the Lord thy God, which have brought thee out of the land of Egypt out of the house of bondage. THOU SHALL HAVE NO OTHER GODS BEFORE ME*(Exodus 20:2-3, Deuteronomy 5:6).

Q137 : Explain these words.

A : The first part is used as a preface to the whole law. For in calling Himself the Lord or Jehovah, He establishes His right and authority to command. Next, by declaring Himself our God, He would render His law acceptable to us. Lastly, these words also imply, that He is our Saviour; and as He distinguishes us by this privilege, it is just on our part that we present ourselves to Him as His willing people.

Q138 : But does not the deliverance from the bondage of Egypt respect peculiar the people of Israel?

A : I confess it does, as to the work itself, but there is another kind of deliverance, which pertains equally to all men.—For He has delivered us all from the spiritual servitude of sin and the tyranny of the devil.

## 제22장  제1계명

제136문 : 첫 번째 계명은 무엇입니까?
답 : *이스라엘아 들으라. 나는 너를 애굽 땅, 종 되었던 집에서 인도하여 낸 네 하나님 여호와라. 나 외에는 다른 신들을 네게 두지 말지니라*입니다(출애굽기 20:2~3, 신명기 5:6).

제137문 : 이 계명의 뜻을 설명하기 바랍니다.
답 : 첫 번째 부분은 전체 율법에 대한 머리말로 사용됩니다. 하나님을 주 또는 여호와라 하심으로써 하나님은 우리에게 명령할 수 있는 권리와 권위를 가진 분으로 선언하십니다. 다음으로 우리의 하나님이라는 사실을 선포하심으로써 우리로 하여금 율법을 받아들이도록 하십니다. 마지막으로 이러한 말씀은 하나님이 우리의 구원자라는 사실을 의미합니다. 아울러 하나님이 우리에게 이러한 특권을 베풀어 주시기 때문에 우리는 하나님의 뜻에 기꺼이 순종하는 백성이 되어야 마땅합니다.

제138문 : 하지만 이집트의 종이 되었던 속박에서 벗어난 것이 이스라엘 백성에 대해서만 해당되는 것 아닌가요?
답 : 속박에서 벗어난 그 일 자체만 볼 때는 그렇게 생각할 수 있습니다. 그러나 모든 사람에게 똑같이 적용되는 다른 종류의 구원이 있습니다. 이는 하나님이 우리를 죄에 대한 영적인 종살이와 사탄의 폭정으로부터 벗어

Q139 : Why does He remind us of that in the preface to His law?

A : To admonish us that we shall be guilty of the highest ingratitude, unless we entirely devote ourselves in obedience to Him.

Q140 : What is required in the first commandment?

A : That we should render to Him the honour, in full, which is His due without giving any part of it to another?

Q141 : What is the peculiar honour, which must not He transferred to another?

A : To worship Him; to place our whole trust in Him; to pray to Him; and, in a word, to ascribe to Him all those things which belong to His Majesty.

Q142 : What are we taught by these words, BEFORE ME.

A : That nothing is so hidden, as to be concealed from Him; that He is the witness and judge of all our secret thoughts; and that He requires, not merely the honour of an external confession, but also the sincere devotion of the heart.

나게 하신 구원입니다.

**제139문 :** 하나님은 왜 율법의 머리말을 통해 이 사실을 생각하게 하십니까?

**답 :** 우리가 온 마음으로 하나님께 순종하지 않을 경우 감사할 줄 모르는 지극히 악한 죄를 짓게 된다는 사실을 알려주시기 위해서입니다.

**제140문 :** 첫 번째 계명에서 요구되는 것은 무엇입니까?

**답 :** 모든 영예를 마땅히 받으셔야 할 하나님께만 돌려야 하며, 조금이라도 다른 대상에게 돌려서는 안 된다는 것입니다.

**제141문 :** 다른 대상에게는 돌아가면 안 되는 하나님께만 돌릴 고유한 영예는 무엇입니까?

**답 :** 하나님을 예배하고, 전적으로 하나님을 신뢰하고, 하나님께 기도하며, 한 마디로 하나님의 존엄에 속한 모든 것을 당연히 하나님의 것으로 인정하는 것입니다.

**제142문 :** '내 앞에'라는 말은 무엇을 교훈합니까?

**답 :** 하나님의 눈을 속일 정도로 감추어진 것은 그 어떤 것도 없기에 하나님은 우리의 모든 은밀한 생각들을 들여다보시고 판단하십니다. 그러므로 하나님은 우리가 드러나는 말로써 고백하는 것은 물론 진심에서 우러나는 헌신으로써 하나님께 영예를 돌리는 삶을 원하신다는 사실을 배우게 됩니다.

# 23. The Second Commandment

Q143 : Which is the second commandment?

A : *Thou shalt not make unto thee, any graven image, or any likeness of any thing; that is in heaven above, or that is in the earth beneath, or that is in the water under the earth thou shalt not bow down thyself to them nor serve them.*

Q144 : Does God wholly forbid the painting or sculpturing of any images?

A : He forbids only these two—The making of images, for the purpose of representing God, or for worshipping Him.

Q145 : Why is it forbidden to represent God, by a visible image?

A : Because there is nothing in Him, who is an eternal and incomprehensible Spirit, that resembles a corporeal, corruptible, and inanimated figure(Deuteronomy 4:15, Acts 17:29, Romans 1:23).

Q146 : You judge it then to be dishonorable to His Majesty, to attempt to represent Him thus.

A : Yes.

# 제23장 제2계명

제143문 : 두 번째 계명은 무엇입니까?
답 : 너를 위하여 새긴 우상을 만들지 말고 또 위로 하늘에 있는 것이나 아래로 땅에 있는 것이나 땅 아래 물속에 있는 것의 어떤 형상도 만들지 말며 그것들에게 절하지 말며 그것들을 섬기지 말라입니다.

제144문 : 우리가 어떤 형상에 대한 그림을 그리거나 조각을 하는 것조차 하나님은 모두 금하셨습니까?
답 : 그렇지 않습니다. 두 가지 일, 즉 하나님을 상징하는 대상을 만들거나 예배의 대상으로 삼기 위한 형상을 만드는 일을 금하셨습니다.

제145문 : 하나님을 눈으로 볼 수 있는 형상으로 나타내는 일을 왜 금하는 것입니까?
답 : 영원하고 인간의 이해를 초월한 영으로 계신 하나님은 형체가 있고 부패하기 마련이고 살아 있지 않은 사물과는 비슷한 점이 전혀 없기 때문입니다(신명기 4:15, 사도행전 17:29, 로마서 1:23).

제146문 : 그렇다면 그와 같은 방식으로 하나님을 표현하는 것은 하나님의 존엄을 불명예스럽게 한다는 판단이군요.
답 : 네, 그렇습니다.

Q147 : What sort of worship is forbidden, by this commandment?

A : That we should address ourselves in prayer to a statue or image: or prostrate ourselves before it; or by kneeling, or any other signs, give honour to it, as though God therein would present Himself to us.

Q148 : It is not then to be understood that the commandment condemns painting and sculpturing but only, that images are forbidden to be made for the purpose of seeking or worshipping God in them or, what is the same thing, that we should worship them in honour of God, or by any means abuse them to superstition and idolatry.

A : It is so.

Q149 : What is required in this commandment?

A : As in the first, God declared that He was alone to be adored and worshipped; so in this, He shows us the true form of worship, by which He would recall us from all superstition, and other depraved and corrupt forgeries.

제147문 : 이 계명은 어떤 종류의 예배를 금하고 있습니까?
답 : 기도하기 위해 우상이나 형상을 향해 나아가거나 그 앞에 예배하려고 엎드리거나 그런 우상이나 형상을 통해 마치 하나님이 우리에게 모습을 나타내 보이기라도 하신 것처럼 무릎을 꿇거나 어떤 표시를 함으로써 경의를 표하는 것을 금하십니다.

제148문 : 그렇다면 이 계명이 모든 그림이나 조각을 정죄하는 것으로 이해서는 안 되며, 다만 하나님을 찾거나 예배할 목적으로 삼기 위한 형상들을 금하신 것이고, 이와 마찬가지로 하나님께 영광을 돌리는 목적으로 형상을 예배하는 것이나 미신이나 우상숭배를 위해 형상을 잘못 사용하는 것 역시 금하는 것으로 알면 되겠군요.
답 : 네, 그렇습니다.

제149문 : 이 두 번째 계명에서 요구되는 것은 무엇입니까?
답 : 첫 번째 계명과 같이, 찬미와 예배를 받으실 분은 오직 하나님이라는 사실을 선언하고 이 계명을 통해 참된 예배 형식을 보여주심으로써 모든 미신과 타락하고 부패한 우상숭배로부터 우리를 부르시는 하나님의 명령에 따르는 것입니다.

# 24. God's Jealousy & Mercy

Q150 : Let us proceed.

A : He adds a sanction: *I am the Lord thy God, [mighty and] jealous, visiting the iniquity of the Fathers upon the Children unto the third and fourth generation of them that hate me.*

Q151 : Why does He mention His power or might?

A : To show us, that He is able to vindicate His glory.

Q152 : What does He indicate by the word jealous?

A : That He can endure no equal or partner; that having given Himself to us by His own infinite goodness, so He will have us to be wholly His own. And it is the chastity of our souls, to be dedicated to Him, and to cleave wholly to Him: as on the other hand, they are said to be defiled with adultery, when they turn away from Him, to superstition.

# 제24장 하나님의 질투와 자비

제150문 : 그 다음으로 넘어갑시다.
답 : 하나님이 덧붙이신 것은 처벌 내용으로, *나 네 하나님 여호와는 [강하고] 질투하는 하나님인즉 나를 미워하는 자의 죄를 갚되 아버지로부터 아들에게로 삼사 대까지 이르게 하거니와*입니다.

제151문 : 왜 하나님은 강함 또는 힘에 대해 말씀하십니까?
답 : 영광을 누리고 보존할 수 있는 자격과 능력을 보여주시기 위함입니다.

제152문 : "질투하는 [하나님]"이라는 말은 무슨 뜻입니까?
답 : 하나님은 무한한 선으로 자신을 우리에게 내어주셨기 때문에 그 누구도 하나님의 사랑에 필적할 수 없고, 그러한 사랑을 공유할 상대조차 허용하시지 않는다는 뜻입니다. 즉, 오로지 하나님 홀로 우리를 전적으로 소유하시겠다는 뜻입니다. 그러므로 하나님을 향한 헌신적인 삶과 오로지 하나님만 의지하는 삶이 우리 영혼의 순결을 지키는 것이고, 반면에 하나님께로부터 돌아서서 미신으로 향할 때 간음으로 더럽혀졌다고 말하는 것입니다.

Q153 : In what sense is it said—*visiting the iniquity of the Fathers upon the Children?*

A : That He may awaken in us greater terror, He not only threatens that He will take punishment of those who transgress; but that their offspring also shall be under a curse.

Q154 : But is it consistent with the equity of God, to punish one for the fault of another?

A : If we consider the true state of mankind, the question will be solved. For by nature, we are all exposed to the curse; nor is there any reason that we should complain of God, when He leaves us in this condition. But as He proves His love towards the pious, by blessing their posterity; so He executes His vengeance upon the wicked, by withholding His blessing from their children.

Q155 : Proceed to the rest.

A : That He may allure us by His kindness, He promises, that He will *show mercy, towards all, who love Him and keep His commandments, to a thousand generations.*

제153문 : *아버지로부터 아들에게로 삼사 대까지 이르게 하거니와* 라는 말은 무슨 뜻입니까?

답 : 이는 하나님을 더욱 두려워하도록 우리를 깨우치기 위한 것입니다. 죄를 지은 자들을 형벌로 위협하심은 물론 그 후손들 역시 저주 아래 있을 것이라는 말씀입니다.

제154문 : 하지만 다른 사람의 잘못 때문에 누군가 벌을 받는 것이 하나님의 공의에 맞는 일입니까?

답 : 인간의 상태를 우리가 정확히 알면 그런 문제는 해결됩니다. 우리는 본질적으로 저주를 받게 되어 있었고, 이런 상태로 하나님이 우리를 내버려 두실 때 어떤 불평도 할 수 없기 때문입니다. 그러나 하나님은 경건한 자들의 후손을 축복하심으로써 그들을 향한 사랑을 드러내시듯이 악한 자들의 후손은 축복하시지 않음으로써 그들의 죄를 갚으십니다.

제155문 : 그 다음 내용을 말하기 바랍니다.

답 : 하나님은 친절한 사랑으로써 우리를 설득하여 이끄시려고, *하나님을 사랑하고 하나님의 계명을 지키는 모든 자에게는 천 대까지 자비를 베푸신다고* 약속하십니다.

Q156 : Does this intimate that the obedience of a godly man shall be for the salvation of all His children, however wicked?

A : By no means; but in this manner, He would exhibit Himself as extending His bounty, thus far, towards believers, that out of favour to them, He would show kindness to their offspring; not only by prospering their worldly affairs; but also by sanctifying their souls, that they should be numbered among His flock.

Q157 : But this does not appear to be continually done.

A : I confess it: For as the Lord reserves this liberty to Himself, to show mercy when He pleases to the children of the wicked: so He has not so restricted His favour to the offspring of believers, but that He casts off those, whom it seemeth Him good, according to His own will; yet He so manages this, as to make it evident that the promise is not a vain and fallacious thing(Romans 9).

Q158 : Why does He mention a thousand generations, in showing mercy, and only three or four in executing punishment?

A : That He may show Himself more inclined to kindness and mercy, than He is to severity. As in another place, He testifies—That He is ready to forgive, but slow to anger(Exodus 34:6, Psalms 103:8; 145:8).

제156문 : 이 말은 경건한 자들이 순종하면 그로 인해 그들의 후손들이 아무리 악할지라도 구원받을 수 있다는 뜻인가요?

답 : 결코 그렇지 않습니다. 하나님은 신자들을 향한 너그러움을 베푸시되 신자들의 후손까지 인애를 나타내실 정도로 신자들을 사랑하신다는 뜻입니다. 그래서 이 세상의 일도 성공하게 하실 뿐만 아니라 영혼까지도 거룩하게 하셔서 하나님의 백성 가운데 있도록 하신다는 뜻입니다.

제157문 : 그러나 항상 그럴 것 같지는 않군요.

답 : 네, 그렇습니다. 왜냐하면 하나님이 원하실 때는 악한 자들의 자녀들에게도 자비를 보여주실 정도로 자유로운 분이듯이 신자들의 후손에게조차 은총을 베풀지 않기도 하십니다. 하나님의 뜻에 따라 하나님이 보시기에 선한 그들을 버리기도 하십니다. 그럼에도 하나님의 약속이 헛되거나 거짓되지 않다는 사실은 분명히 나타내십니다(로마서 9장).

제158문 : 하나님은 왜 형벌을 내리는 일에는 삼사 대를 말씀하시면서 자비를 나타내는 일에는 천 대를 말씀하십니까?

답 : 하나님은 엄격함보다는 인애와 자비에 더 치우친다는 사실을 보여주시기 위함입니다. 이는 성경 다른 곳에 있듯이 용서는 속히 하시고 노하기는 더디 하신다는 말씀을 통해 드러납니다(출애굽기 34:6, 시편 103:8; 145:8).

# 25. The Third Commandment

Q159 : Which is the third commandment?
A : *Thou shalt not take the name of the Lord thy God in vain.*

Q160 : What is forbidden in this commandment?
A : It forbids us, to abuse the name of God, not only by perjury; but by all unnecessary oaths.

Q161 : May the name of God be at all lawfully used in oaths?
A : Yes truly, when introduced on a just occasion: First, in establishing the truth: Secondly, in matters of importance, for preserving mutual peace and charity among men.

Q162 : Is it not then the sole purpose of this commandment, to forbid those oaths, by which the name of God is profaned and dishonoured?
A : This one object being proposed, it admonishes us generally never to introduce the name of God in public, unless with fear and reverence, and for His glory. For as it is holy, we must take heed, by all means, lest we should appear to treat it with contempt, or give to others the occasion of despising it.

# 제25장 제3계명

제159문 : 세 번째 계명은 무엇입니까?
답 : *너는 네 하나님 여호와의 이름을 망령되게 부르지 말라* 입니다.

제160문 : 이 계명이 금하는 것은 무엇입니까?
답 : 우리가 거짓 증거를 하거나 불필요한 맹세를 함으로써 하나님의 이름이 함부로 사용되는 것을 금하는 것입니다.

제161문 : 우리가 맹세할 때 하나님의 이름을 사용하는 것은 정당합니까?
답 : 네, 그렇습니다. 사용할 수 있는 정당한 경우가 있습니다. 첫째는 진리를 주장할 때이며, 둘째는 사람들 사이에서 서로 화목과 사랑을 유지하기 위해 맹세가 필요할 정도로 중대한 경우입니다.

제162문 : 그렇다면 하나님의 이름을 모독하고 불명예스럽게 하는 맹세를 금지하는 것이 이 계명의 유일한 목적이 아닐까요?
답 : 네, 그렇습니다. 이 계명은 두려움과 존경심이 없이, 그리고 하나님의 영광을 위한 목적도 없이 하나님의 이름을 사람들 앞에서 함부로 사용하지 말 것을 우리 모두에게 경고합니다. 하나님의 이름이 거룩하듯이 우리는

Q163 : How is this to be done?
A : If we think or speak of God or His works, we must do it, in a manner that will honour Him.

Q164 : What follows?
A : The threatening—*For the Lord will not hold him guiltless, who taketh his name in vain.*

Q165 : Since God, in other places, declares that He will punish the transgressors of His law, what more is contained in this?
A : By this He would declare, how highly He estimates the glory of His name; that we may be the more careful to hold it in reverence when we see Him prepared to take vengeance on any one, who profanes it.

어떤 경우라도 하나님의 이름이 멸시당하지 않도록, 또는 다른 사람들이 경멸할 수 있는 기회를 주지 않도록 해야 합니다.

제163문 : 어떻게 하면 됩니까?
답 : 우리가 하나님과 하나님의 일에 대해서 생각하거나 말할 때는 오직 하나님께 영광이 되도록 하면 됩니다.

제164문 : 다음에 이어지는 말은 무엇입니까?
답 : 위협하는 말씀인데, 하나님의 이름을 헛되이 사용하는 자는 죄 없다 하지 않을 것이라는 말씀입니다.

제165문 : 성경 다른 곳에서도 하나님의 율법을 범하는 자들을 하나님이 심판하시겠다고 하시는데 이 계명에는 어떤 뜻이 더 담겨 있습니까?
답 : 하나님은 이 계명을 통해 하나님 이름의 영광을 얼마나 높이 여기시는지 보여주심으로써 우리로 하여금 하나님의 이름을 모독하면 어느 누구라도 예비 된 벌을 받으므로 하나님의 이름을 존귀하게 여기는 일에 더욱 조심하도록 하라는 말씀입니다.

# 26. The Fourth Commandment

**Q166 :** Let us proceed to the fourth commandment.

**A :** *Remember the Sabbath day to keep it holy. Six days shalt thou labour, and do all thy work  but the seventh day is the Sabbath of the Lord thy God: in it thou shalt not do any work, thou, nor thy son, nor thy daughter, thy man servant, nor thy maid servant, nor thy cattle,  nor the stranger, that is within thy gates. For in six days the Lord made heaven and earth, the sea and all that in them is, and rested the seventh day: wherefore the Lord blessed the Sabbath day and hallowed it.*

**Q167 :** Does He command us to labour the six days, that we may rest the seventh?

**A :** Not simply; but permitting six days to the labours of men, He excepts the seventh, that it may be devoted to rest.

**Q168 :** But does He forbid us any labour on that day?

**A :** This commandment has a distinct and peculiar reason. In so far as the observation of rest was a part of the ceremonial law; it was abrogated at the coming of Christ.

# 제26장 제4계명

제166문 : 네 번째 계명으로 넘어갑시다.
    답 : *안식일을 기억하여 거룩하게 지키라. 엿새 동안은 힘써 네 모든 일을 행할 것이나 일곱째 날은 네 하나님 여호와의 안식일인즉 너나 네 아들이나 네 딸이나 네 남종이나 네 여종이나 네 가축이나 네 문안에 머무는 객이라도 아무 일도 하지 말라 이는 엿새 동안에 나 여호와가 하늘과 땅과 바다와 그 가운데 모든 것을 만들고 일곱째 날에 쉬었음이라 그러므로 나 여호와가 안식일을 복되게 하여 그 날을 거룩하게 하였느니라입니다.*

제167문 : 우리가 일곱째 날 쉴 수 있도록 하나님은 우리에게 엿새 동안 일할 것을 명령하십니까?
    답 : 그렇게 단순히 이해할 것이 아니라, 하나님은 우리에게 일곱째 날을 빼고 엿새 동안 일하도록 허락하심으로써 하루를 안식하도록 하셨다고 이해해야 합니다.

제168문 : 그렇다면 하나님은 우리에게 일곱째 날에는 그 어떤 일도 하지 말라고 명령하십니까?
    답 : 이 계명은 그렇게 해야 하는 분명하고 특별한 이유를 가지고 있습니다. 그러나 의식법의 한 부분으로써 안식을 지켰던 일은 예수님이 오심으로써 폐지되었습니다.

Q169 : Do you say that this commandment respected the Jews only, and was therefore merely temporary?
A : Yes, so far as it was ceremonial.

Q170 : What then? Is there any thing in it besides what is ceremonial?
A : Yes; it was given for three reasons.

Q171 : State them to me.
A : To prefigure a spiritual rest: To preserve the polity of the Church: And for the relief of servants.

Q172 : What do you understand by a spiritual rest?
A : When we rest from our own works, that God may perform His works in us.

Q173 : How is that done?
A : When we crucify our flesh; that is, renounce our own understanding, that we may be governed by the Spirit of God.

Q174 : Is it sufficient that this be done on the seventh day merely?
A : No, it must be done continually: For when we have once begun, we must proceed through the whole course of our life.

제169문 : 이 계명이 유대인에게만 해당되었기 때문에 단지 그 당시에만 지켰던 계명이라는 말인가요?

답 : 네, 의식법과 관련해서 그렇다는 것입니다.

제170문 : 그렇다면 의식적인 것 말고 다른 뜻이 있다는 것인가요?

답 : 네, 그렇습니다. 이 계명은 세 가지 이유 때문에 주어진 것입니다.

제171문 : 그 이유들을 말해주기 바랍니다.

답 : 영적인 안식을 예시하기 위한 것, 교회의 조직과 질서를 유지하기 위한 것, 그리고 종들의 고통을 줄이기 위한 것입니다.

제172문 : 영적인 안식에 대해 어떻게 이해합니까?

답 : 우리가 일을 중단하고 쉴 때, 하나님은 우리가 안식을 누리도록 우리 안에서 일하십니다.

제173문 : 어떻게 그렇게 됩니까?

답 : 우리가 십자가에 육체적 욕망을 못 박을 때, 즉 우리 자신의 생각을 포기함으로써 하나님의 영으로 인도함을 받기 때문에 가능합니다.

제174문 : 단지 일곱째 날만 그렇게 하면 충분한가요?

답 : 그렇지 않습니다. 계속해야 합니다. 왜냐하면 우리가 한번 시작했으면 우리 인생 전체에 걸쳐 해야 하기 때문입니다.

Q175 : Why then is a particular day appointed to represent this rest?

A : It is not at all necessary that the figure should, in every point, agree with the substance: it is enough, if there is a resemblance according to the order of types.

Q176 : Why is the seventh day appointed, rather than any other?

A : This number in scripture designates perfection; therefore it is proper to determine its perpetuity. At the same time, it indicates that this spiritual rest can only be begun in this life; and that it will not be perfected until we depart from this world.

제175문 : 그렇다면 왜 특별한 날을 정해서 그러한 [영적인] 안식을 표현합니까?

**답** : 모든 면마다 상징(안식일 제도)과 실체(영적인 안식)가 서로 정확히 일치되어야 한다는 것은 아닙니다. 다만 상징의 제도에 따라 [안식일과 영적인 안식 사이에] 비슷한 면이 있으면 충분히 표현되기 때문입니다.

제176문 : 다른 날이 아니라 일곱째 날이 안식일로 정해진 이유는 무엇입니까?

**답** : 성경에서 7이라는 수는 완전을 뜻합니다. 그러므로 안식의 영원성을 상징하기에 적합합니다. 동시에 이 영적인 안식은 단지 이 세상에서 시작된 것이며 우리가 이 세상을 떠날 때까지는 완성되지 않는다는 뜻입니다.

# 27. The Sabbath Day(The Lord's Day)

Q177 : What does this mean, that the Lord exhorts us to rest as He Himself rested?

A : When God had made an end of creating the world, in six days, He devoted the seventh to the contemplation of His works. And He proposes His own example, that He may excite us more diligently to the same work. For nothing is more earnestly to be sought, than that we may be conformed to His image.

Q178 : Ought this meditation of the works of God to be continual, or is it enough to appoint one of the seven days, for that purpose?

A : It is our duty to be daily exercised in that work; but on account of our weakness, one day is especially appointed, and this is the ecclesiastical polity which I mentioned.

Q179 : What is the order to be observed on that day?

A : That the people assemble to hear the doctrine of Christ; to unite in the public prayers; and to offer the confession of their Faith.

# 제27장 안식일

제177문 : 하나님이 안식하셨던 것처럼 우리도 안식해야 한다고 하신 하나님의 교훈은 무슨 뜻입니까?

답 : 하나님이 엿새 동안 창조의 일을 마치셨을 때, 창조된 세계를 바라보는 일로 일곱째 날을 보내셨습니다. 그리고 우리도 마찬가지로 더욱 열심히 일을 하도록 자극하기 위해 친히 본을 보여주셨습니다. 왜냐하면 하나님의 형상대로 살아가는 일이 그 어떤 일보다 중요하기 때문입니다.

제178문 : 하나님이 창조하신 일을 지속적으로 묵상해야 합니까? 아니면 일곱째 날에만 해도 충분합니까?

답 : 우리는 마땅히 매일 묵상해야 합니다. 그러나 우리의 연약함 때문에 특별히 한 날이 정해진 것이고, 이는 앞에서 말씀드린 교회의 조직과 질서를 위한 것입니다.

제179문 : 그 날에 지켜야 할 규정은 무엇입니까?

답 : 그리스도의 교훈을 듣기 위해, 공적인 기도로 하나가 되기 위해, 그리고 신앙을 고백하기 위해 함께 모이는 일입니다.

Q180 : Now explain the point, that the Lord in this commandment had respect also to the relief of servants.
A : It requires that some relaxation be given to those who are under the authority of others. And besides, this also tends to preserve the civil government. For where one day is devoted to rest, each one becomes accustomed to pursue his labours more orderly the rest of the time.

Q181 : Now let us see how far this commandment respects us?
A : As to the ceremonial part it was abolished, when its substance was manifested in Christ.

Q182 : How?
A : For example; as our old man is crucified by the power of His death, and we are raised by His resurrection to newness of life(Colossians 2:17, Romans 6:6).

Q183 : What then of this commandment remains for us?
A : That we should not neglect the holy institutions, which support the spiritual government of the Church: but especially that we frequent the sacred meetings, for hearing the word of God; for celebrating the ordinances; and for joining in the public prayers, according to their appointment.

제180문 : 이제 또한 이 계명이 종들의 고통을 줄이기 위한 것으로 주어졌다는 점에 대해서도 설명하기 바랍니다.

   답 : 이 계명은 다른 사람들의 권위 아래서 일하는 사람들에게도 휴식을 줄 것을 요구합니다. 또한 시민 정부를 보호하기도 합니다. 왜냐하면 어느 하루가 휴식일로 정해지면 나머지 시간에 훨씬 더 열심히 일하는 습관이 길러지기 때문입니다.

제181문 : 이제 이 계명이 우리와 얼마나 깊은 관계가 있는지 알아볼까요?

   답 : 의식적인 면에서는 폐지되었는데 이는 그리스도 안에 의식의 실체가 존재하기 때문입니다.

제182문 : 어떻게 그렇다는 것이죠?

   답 : 실제 예를 들면, 우리의 옛 사람이 그리스도 죽음의 능력으로 십자가에 못 박혔고, 그리스도의 부활로 인해 우리가 새로운 삶으로 다시 살게 되었기 때문입니다 (골로새서 2:17, 로마서 6:6).

제183문 : 그러면 우리를 위해 남긴 이 계명의 의미는 무엇인가요?

   답 : 교회의 영적인 다스림을 지지하는 거룩한 규정들을 소홀히 해서는 안 된다는 것입니다. 특히 하나님의 말씀을 듣고, 성례를 시행하고, 공적인 기도에 동참하기 위해서 교회가 정해 놓은 약속에 따라 거룩한 모임을 자주 가져야 한다는 것입니다.

Q184 : But does this figure conduce nothing more to our advantage?

A : Yes truly; for it brings us back to its substance: To wit, that being engrafted into the body of Christ, and becoming His members, we must ceas from trusting in our own works, and resign ourselves wholly to the government of God.

**제184문** : 그러나 이 계명이 우리에게 주는 유익 외에 다른 뜻은 없습니까?

**답** : 아니오, 있습니다. 본질을 알도록 해주는 것입니다. 즉, 우리가 그리스도의 몸에 접붙여져 그의 지체가 되기 때문에 우리 자신을 체념하고 전적으로 하나님의 통치를 받아야 함을 알게 하는 것입니다.

## 28. The Fifth Commandment

Q185 : Let us pass to the second table.
A : Its beginning is—*Honour thy father and thy mother.*

Q186 : What in this place is the meaning of the word honour?
A : That with modesty and humility, children should be submissive and obedient to their parents, and treat them with reverence; that they assist them in their necessities, and repay them their own labours. These three points comprehend the honour which is due to parents.

Q187 : Proceed now.
A : A promise is annexed to the commandment—*That thy days may he long upon the land which the Lord thy God giveth thee.*

Q188 : What is the meaning of this?
A : That those who render due honour to their parents shall, by the blessing of God, live long.

# 제28장 제5계명

제185문 : 이제 두 번째 돌판으로 넘어갑시다.
　　답 : 두 번째 돌판의 시작은 *네 부모를 공경하라*입니다.

제186문 : 여기서 공경이라는 단어는 무슨 뜻입니까?
　　답 : 자녀들은 얌전과 겸손으로 부모에게 고분고분히 순종해야 하고, 부모를 존경해야 하며, 부모가 궁핍할 때 도와드리고 부모를 위해 수고해야 합니다. 이 세 가지가 부모라면 마땅히 받아야 할 공경을 뜻합니다.

제187문 : 계속하기 바랍니다.
　　답 : 이 계명에는 *그리하면 네 하나님 여호와가 네게 준 땅에서 네 생명이 길리라*는 약속이 덧붙여져 있습니다.

제188문 : 이 약속의 뜻은 무엇입니까?
　　답 : 마땅히 부모를 공경하는 자식들은 하나님의 축복으로 인해 오래 산다는 말입니다.

Q189 : Since this life is filled with so many cares, why does God promise its long continuance, as a blessing?

A : However great are the miseries to which life is exposed; yet it is the blessing of God to believers, even on this one account; that it is a proof of His paternal favour, while He preserves and cherishes them here.

Q190 : Does it follow on the other hand, that he who is snatched away from the world, prematurely and suddenly, is accursed of God?

A : By no means; but it rather happens, sometimes, as any one is beloved of God, so much the sooner he is removed from this life.

Q191 : But in doing this how does God fulfil His promise?

A : Whatever of earthly good is promised of God, it becomes us to receive it under this condition, as far as it shall conduce to our spiritual benefit, and the salvation of our souls. For the order would be very preposterous, unless the good of the soul was always preferred.

Q192 : What shall we say of those who are disobedient to their parents?

A : They will not only be punished in the last judgment; but in this life God will also punish their bodies, either in taking them away in the flower of their age, or by some ignominious death, or by other means.

제189문 : 세상살이가 걱정거리로 가득한데 하나님께서 오래 사는 것을 축복으로 약속하신 이유는 무엇입니까?

답 : 살아가는 동안 당하는 불행이 아무리 크다 할지라도 신자들에게는 여전히 하나님의 축복입니다. 다만 하나님이 신자들을 보호하시고 인도하심으로써 아버지로서 베푸시는 사랑을 나타내실 경우에만 축복이 됩니다.

제190문 : 바꿔서 생각하면, 어떤 사람이 이 세상에서 일찍 갑자기 죽는 경우 하나님의 저주를 받은 것입니까?

답 : 결코 그렇지 않습니다. 때로는 오히려 누군가 하나님의 사랑을 받을수록 더 일찍 이 세상을 떠나는 경우도 있습니다.

제191문 : 그렇게 되면 하나님은 어떻게 약속을 이행하시게 됩니까?

답 : 땅에서 누리는 그 어떤 복을 하나님이 우리에게 주신다 해도 다음과 같은 조건에서 받게 되는 것입니다. 즉, 영적인 혜택과 영혼의 구원을 위한 것이어야 합니다. 왜냐하면, 영혼의 복이 항상 우선되지 않으면 질서가 무너지기 때문입니다.

제192문 : 부모에게 불순종하는 사람들에 대해 우리는 무슨 말을 해야 합니까?

답 : 그들은 최후의 심판에서 하나님으로부터 벌을 받을 뿐만 아니라, 하나님이 그들을 한창 때에 데려가시거나 수치스러운 죽음을 맞게 하심으로, 그밖에 다른 방법으로써 이 세상에서도 육신의 벌을 받게 됩니다.

Q193 : But does not the promise speak expressly of the land of Canaan?

A : It does so far as it respects the Israelites; but the promise reaches farther, and should be extended to us. For in whatever region we dwell, as the earth is the Lord's, He assigns it to us for a possession(Psalms 24:1; 89:5, 115:16).

Q194 : What is there more required in this commandment?

A : Although the words express only father and mother, yet all those are to be included, who are in authority over us; when the same rule is applicable to them.

Q195 : When is that?

A : It is when God raises them to a superior degree of honour. For there is no authority of parents, or princes, or any rulers, no command, no honour, but what is derived from the appointment of God; because thus it pleases Him to govern the world for His own glory.

제193문 : 그러나 이 약속은 분명히 가나안 땅을 말하는 것 아닙니까?

답 : 이스라엘 백성과 관련해서는 가나안 땅을 말하지만 그 약속은 훨씬 더 나아가 우리에게까지 해당되는 것입니다. 우리가 어디에 살든 이 세계가 주님의 것이기 때문에 우리에게도 땅을 소유하도록 나누어 주십니다(시편 24:1; 89:5; 115:16).

제194문 : 이 계명에서 더 요구되는 것은 무엇입니까?

답 : 비록 아버지와 어머니라는 말을 나타내지만 우리 위에 있는 모든 권위자도 포함됩니다. 그런 사람들에게도 부모와 동일한 원리가 적용되는 때에는 그렇습니다.

제195문 : 어떤 때죠?

답 : 하나님이 그들의 명예를 높여 주시는 때를 말합니다. 하나님의 결정 없이는 부모들이나 왕들이나 통치자들의 권위는 물론 명령이나 명예도 누릴 수 없습니다. 하나님은 그렇게 하심으로써 세상을 통치하기를 기뻐하시기 때문입니다.

# 29. The Sixth & Seventh Commandment

Q196 : Which is the sixth commandment?
A : *Thou shall not kill.*

Q197 : Does it forbid nothing but to commit murder?
A : Yes truly. For God, in this law, not only regulates the external actions, but also the affections of the heart, and these chiefly.

Q198 : You seem to imply, that there is a kind of secret murder, which God here forbids us.
A : It is so. For anger, and hatred, and any revengeful desire of injuring, are accounted murder in the sight of God.

Q199 : Are we sufficiently free from it, if we pursue no one with hatred?
A : By no means. In as much as the Lord, in condemning hatred, and forbidding us any thing which might be injurious to our neighbour's welfare, at the same time shows Himself to demand this, that we love all men from the heart; and that we give diligence to defend and preserve their lives.

# 제29장 제6계명과 제7계명

제196문 : 여섯 번째 계명은 어떤 것입니까?
답 : *살인하지 말라*입니다.

제197문 : 이것은 살인만 금하는 것입니까?
답 : 아니오, 더 있습니다. 이 계명에서 하나님은 겉으로 드러나는 행위뿐만 아니라 특히 마음속 감정까지 규제하십니다.

제198문 : 여기서 하나님이 우리에게 금하시는 것은 일종의 비밀스러운 살인이라는 뜻인 것 같군요.
답 : 그렇습니다. 분노, 증오, 해치고자 하는 보복심은 하나님이 보시기에 살인으로 여겨지기 때문입니다.

제199문 : 누군가를 증오하지 않는다면 충분한 것 아닙니까?
답 : 결코 그렇지 않습니다. 주님은 증오를 정죄하실 뿐만 아니라 이웃의 행복에 해가 되는 그 어떤 것도 하지 못하도록 금하심으로써 우리로 하여금 모든 사람을 진심으로 사랑하고 사람들의 생명을 보호하고 유지하는 일에 부지런히 힘쓸 것을 요구하십니다.

Q200 : Which is the seventh commandment?

A : *Thou shalt not commit adultery.*

Q201 : What is the sum of this commandment?

A : That fornication of every kind is accursed in the sight of God: and that unless we would provoke His wrath against ourselves we must diligently abstain from it.

Q202 : What else does it require?

A : That the design of the Legislator be regarded; which, as we said, does not rest in the external action; but rather respects the affections of the heart.

Q203 : That more then does it comprehend?

A : That as both our bodies and our souls are the temples of the Holy Spirit, therefore we should preserve them both chaste and pure: and also that we should modestly abstain not only from actual crimes, but even in our hearts, words, and gestures of body. Finally, that the body be kept free from all lascivious carnage, and the soul from every lust, that no part of us be defiled by the filth of impurity(1 Corinthians 3:16; 6:19, 2 Corinthians 6:16).

제200문 : 일곱 번째 계명은 어떤 것입니까?
답 : *간음하지 말라*입니다.

제201문 : 이 계명의 핵심은 무엇입니까?
답 : 그 어떤 간음도 하나님 앞에서는 저주받은 것입니다. 그래서 하나님의 진노를 일으키지 않기 위해서 우리는 간음하지 않도록 노력해야 합니다.

제202문 : 이 계명이 요구하는 것은 또 무엇입니까?
답 : 계명을 제정하신 분의 뜻을 생각하는 것이 요구됩니다. 앞에서 말했듯이 하나님은 겉으로 드러나는 행동보다는 마음의 감정을 더 중요하게 여기신다는 것입니다.

제203문 : 그러면 이 계명이 포함하는 다른 내용은 무엇입니까?
답 : 우리 몸과 영혼은 성령이 계시는 성전이기 때문에 우리는 몸과 영혼을 순결하고 깨끗하게 유지해야 하며, 또한 실제적인 범죄를 짓지 않도록 얌전히 삼가야 하고, 생각이나 말이나 몸짓으로도 범하지 않도록 해야 합니다. 결론적으로, 모든 무절제한 음탕으로부터 몸을 철저히 지켜야 하고 모든 성적 욕망으로부터 영혼을 순수하게 지켜야 하며, 우리 몸의 어떤 부분도 쓰레기 같은 음란으로부터 더럽혀서는 안 된다는 것입니다(고린도전서 3:16; 6:19, 고린도후서 6:16).

# 30. The Eighth & Ninth Commandment

Q204 : Which is the eighth commandment?

A : *Thou shall not steal.*

Q205 : Does this only forbid those thefts which are punished by human laws or does it extend farther?

A : It embraces under the word theft, every kind of defrauding and circumventing; and all those evil arts by which we are intent to possess the goods of others. By it we are forbidden, either violently to seize on the goods of our neighbours, or by cunning or deceit to lay hands on them, or to endeavor to occupy them by any unjust means whatever.

Q206 : Is it enough to abstain from the evil action, or is the intention also here forbidden?

A : It is. Since God is a spiritual Legislator, He wills that not only external theft be avoided but also all those plans and counsels which at all injure others; and especially that selfishness, which seeks to grow rich by the misfortunes of our neighbours.

# 제30장 제8계명과 제9계명

제204문 : 여덟째 계명은 어떤 것입니까?
답 : *도둑질하지 말라*입니다.

제205문 : 이 계명은 사람이 만든 법에 따라 처벌받는 절도만을 금하는 것입니까? 아니면 다른 의미가 더 있습니까?
답 : 절도라는 말은 남의 재물을 거짓으로 속여 빼앗는 일, 재정적 의무를 회피하는 일, 그리고 남의 물건을 의도적으로 소유하고자 하는 일과 같은 모든 사악한 술책을 포함합니다. 그러므로 우리는 이웃의 재물을 폭력으로 빼앗아도 안 되고 어떤 식이든 옳지 않은 수단으로 이웃의 소유를 나의 것으로 만들려고 시도해서도 안 됩니다.

제206문 : 악한 행위를 금하는 것으로 충분합니까? 아니면 그런 의도도 포함됩니까?
답 : 네, 그런 의도 역시 포함됩니다. 왜냐하면 하나님은 영적인 입법자이므로 겉으로 드러나는 절도만 피하면 되는 것이 아니라 다른 사람들에 대한 불공정한 모든 종류의 계획이나 생각, 특별히 우리 이웃의 불행을 통해서라도 부유해지기를 원하는 이기적인 마음을 갖지 말아야 합니다.

Q207 : What is to be done, that we may obey this commandment?

A : Diligence must be given, that each one may safely possess his own.

Q208 : Which is the ninth commandment?

A : *Thou shalt not bear false witness against thy neighbour.*

Q209 : Does this merely forbid perjury in courts, or in general, all falsehood against our neighbor?

A : Under this form of expression the whole doctrine is included: that we shall not by falsehood calumniate our neighbour; nor by our evil speaking and detraction destroy his reputation, or bring any damage to him in his estate.

Q210 : But why is public perjury expressly forbidden?

A : That we might be struck with greater horror at this vice. And it implies that if any one become accustomed to evil speaking and backbiting, from that habit the descent to perjury is rapid.

제207문 : 이 계명을 지키기 위해서 우리가 해야 할 일은 무엇입니까?

답 : 각자의 재산을 안전하게 소유하기 위한 우리의 노력이 있어야 합니다.

제208문 : 아홉 번째 계명은 어떤 것입니까?

답 : *네 이웃에 대하여 거짓 증거하지 말라*입니다.

제209문 : 이 계명은 법원에서 위증하는 것만 금합니까? 아니면 우리가 사람들에게 일반적으로 하는 모든 거짓말까지 금합니까?

답 : 이러한 형태의 표현에는 모든 가르침이 포함되어 있습니다. 즉, 거짓으로 이웃을 비방하거나 악한 말이나 험담으로 이웃의 명예를 더럽히고, 어떤 식으로든 이웃의 재산에 손실을 가져오는 행위를 해서는 안 된다는 것입니다.

제210문 : 그런데 왜 공적 위증이 분명히 금지되어 있습니까?

답 : 그런 악행을 우리가 더욱 끔찍하게 여기도록 교훈하기 위해서입니다. 즉, 누구든지 악한 말을 하고 험담을 하는 데 익숙하게 되면 그 습관으로 인해 쉽게 위증할 수 있다는 경고입니다.

Q211 : Is it not the design of this commandment, to deter us not only from evil speaking, but also from evil suspicions, and uncandid and unjust judgments?

A : It condemns both according to the reason before given. For *that which is evil to do, before men, is even wicked to will before God.*

Q212 : What is the sum of this commandment?

A : It forbids us to think evil of our neighbors, and to indulge any propensity to defame them: and on the other hand, God commands us to be endowed with equity and humanity, that we may be studious to think well of them as far as the truth will permit; and to preserve our estimation of them entire.

제211문 : 이 계명의 목적은 우리로 하여금 악한 말을 하지 않도록 하거나 나쁜 의심을 하지 않도록 하는 것뿐만 아니라 솔직하지 못하고 불공정한 판단까지 하지 않도록 하는 것 아닌가요?

답 : 앞에서 말한 이유에 따라 두 가지 모두 정죄합니다. *어떤 행동이 사람 앞에서 악하다면, 그 의도조차 하나님 앞에서는 악한 것이기 때문입니다.*

제212문 : **이 계명의 핵심은 무엇입니까?**

답 : 이 계명은 우리가 이웃에 대해 나쁘게 생각하거나 이웃의 명예를 더럽히는 일에 빠지는 것을 금합니다. 그리고 다른 한편으로는, 진리가 허용하는 한 사람들에 대해 좋게 생각하도록 힘쓰고 그들에 대한 좋은 평판을 온전히 지킬 수 있도록 공정성과 인류애를 가지라고 하나님은 우리에게 명령하십니다.

# 31. The Tenth Commandment

Q213 : Which is the tenth commandment?
 A : *Thou shalt not covet thy neighbor's house, thou shalt not covet thy neighbor's wife, nor his man servant, nor his maid servant, nor his ox, nor his ass, nor any thing that is thy neighbor's.*

Q214 : Since, as you have said, the whole law is spiritual, and the preceding commandments are designed to restrain not only the external actions, but to correct also the affections of the mind; what more is there contained in this.
 A : By the other precepts God would govern and restrain the will and affections; but in this, He imposes a law upon those thoughts which carry with them some degree of covetousness, although they do not ripen into an established determination.

# 제31장 제10계명

제213문 : 열 번째 계명은 어떤 것입니까?
답 : *네 이웃의 집을 탐내지 말라 네 이웃의 아내나 그의 남종이나 그의 여종이나 그의 소나 그의 나귀나 무릇 네 이웃의 소유를 탐내지 말라입니다.*

제214문 : 앞서 말한 것처럼 계명 전체가 영적이고 지금까지 계명들이 외적인 행위를 금하도록 하는 것은 물론 마음의 감정 역시 바로잡기 위한 것이라면, 이 계명에는 어떤 의미가 더 포함되어 있습니까?
답 : 다른 계명들을 통해 하나님은 의지와 감정을 다스리고 제한하기를 교훈하십니다. 하지만 이 열 번째 계명을 통해 비록 실행으로 옮길 만한 목적으로 자리 잡지는 않았지만 어느 정도의 탐욕이 들어 있는 생각까지도 법으로 강제하시는 것입니다.

Q215 : Do you say that all even the least of those depraved desires, which seize upon believers, and come into their minds, are sins, even though they resist rather than assent to them?

A : It is surely evident, that all corrupt thoughts, although our consent is not added, proceed from the corruption of our nature: but this only I say, that by this commandment, those depraved desires are condemned, which stir up and please the heart of man, although they do not draw it to a firm and deliberate purpose.

Q216 : Thus far then you understand, that not only are those evil affections in which men acquiesce and to which they become subject, forbidden; but also such strict integrity is required of us, that our minds must not admit any perverse desires, by which they might be stimulated to sin.

A : It is so.

Q217 : Will you now give a short summary of the whole law?

A : Yes, it shall be done, in as much as we may sum it up in two heads: The first is, *Thou shalt love the Lord thy God with all thy heart, and with all thy mind, and with all thy strength.* The second is, *Thou shalt love thy neighbour as thyself.*

제215문 : 탐욕이 신자들을 붙잡고 그들의 마음속으로 들어올 때 탐욕에 동의하지 않고 저항한다 할지라도 그들 마음에 있는 지극히 작은 부분의 탐욕조차도 죄라고 말하는 것입니까?

답 : 네, 확실히 그렇습니다. 모든 부패한 생각들은 우리의 동의가 더해지지 않아도 우리 본성의 타락으로부터 나오기 때문입니다. 비록 확실하고 의도적인 목적까지는 이끌지 못했다 하더라도 사람의 마음을 자극하고 부추기는 부패한 욕망이 이 계명을 통해 정죄되고 있다고 말하는 것입니다.

제216문 : 그렇다면 악한 감정들을 묵인함으로써 우리를 지배하도록 하는 것을 금하고 있을 뿐만 아니라, 우리 마음은 죄를 짓도록 자극할 수 있는 그 어떤 비뚤어진 욕망도 허락해서는 안 될 정도로 엄격한 청렴결백을 요구하는 것이 이 계명이라는 말이군요.

답 : 네, 그렇습니다.

제217문 : 이제 계명 전체를 간략하게 요약할 수 있겠습니까?

답 : 네, 두 가지 주제로 나누어 생각해 볼 때 다음과 같이 요약할 수 있습니다. 첫째는, *네 마음을 다하며 뜻을 다하며 힘을 다하여 주 너의 하나님을 사랑하라.* 둘째는, *네 이웃을 네 자신과 같이 사랑하라*입니다.

Q218 : **What is included in loving God?**

A : To love Him as God; that is, that He be acknow-ledged at once, as our Lord, our Father, and our Saviour. To the love of God, therefore, must be joined a reverence of Him, obedience to His will, and that confidence which ought to be placed in Him.

Q219 : **What do you understand by the whole heart, mind, and strength?**

A : That ardour of affection, which leaves no place in us for any thoughts, desires, or endeavors, which are opposed to this love.

제218문 : 하나님을 사랑하는 것은 무슨 뜻입니까?

답 : 우리가 하나님을 사랑하는 것은 우리의 주님과 우리의 아버지로 인정하는 것입니다. 그러므로 하나님을 사랑하는 것은 하나님에 대한 경외심, 하나님의 뜻에 대한 순종, 그리고 하나님께 대한 신뢰가 함께 있어야 하는 것입니다.

제219문 : 온 마음과 뜻과 힘이 의미하는 것은 무엇입니까?

답 : 하나님에 대한 사랑과 반대되는 어떤 생각이나 욕망이나 노력도 우리 마음에 자리 잡지 못하도록 하는 열렬한 감정을 의미합니다.

# 32. Loving Neighbors

Q220 : What is the meaning of the second head?

A : As we are by nature so prone to love ourselves, that this affection overpowers all others, so it becomes us to regulate the love of our neighbour in ourselves by this, that it may govern us in all respects, and be the rule of all our counsels and labours.

Q221 : What do you understand by the word neighbour?

A : Not only kindred and friends, and those who are bound to us by some alliance, but those also who are unknown to us, and even our enemies.

Q222 : But what connection have they with us?

A : They are certainly united to us by that bond, by which God binds together the whole race of men. And this is so sacred and inviolable, that it cannot be abolished by the wickedness of any one.

# 제32장 이웃 사랑

**제220문 : 두 번째 주제의 의미는 무엇입니까?**
　**답 :** 우리는 본질적으로 우리 자신을 사랑하는 성향이 있고, 이런 감정이 다른 모든 성향을 압도하는 것처럼 이웃을 사랑하는 감정이 우리를 지배하여 우리 모든 삶의 영역을 다스리고 우리의 뜻과 행위의 기준이 되어야 한다는 것입니다.

**제221문 : 이웃이라는 말은 어떤 뜻입니까?**
　**답 :** 친척이나 친구들, 그리고 필연적 관계에 있는 사람들뿐만 아니라 우리가 모르는 사람들과 원수들까지도 포함하는 말입니다.

**제222문 : 이웃은 우리와 어떤 연관성을 가지고 있습니까?**
　**답 :** 전 인류를 하나로 묶는 하나님의 결속에 의해 이웃은 우리와 확실히 연결되어 있습니다. 이 결속은 신성하고 침범할 수 없는 것으로 인간의 사악함으로도 철폐될 수 없는 것입니다.

Q223 : You say then, that if any one should hate us, this love is still his due; he is still our neighbour, and is so to be accounted by us; because the divine constitution stands inviolable, by which this relation between us is sanctioned.
A : It is so.


Q224 : As the law declares the true manner of worshipping God, must we not live wholly according to His prescription?
A : Yes truly: but we all of us labour under such infirmity, that no one fulfills it, in all respects, as he ought.


Q225 : Why then does God exact of us that perfection, which is above our ability?
A : He demands nothing above that excellence to which we are in duty bound. But only let us strive to reach that course of life, which His law prescribes, and although we should be at a distance from the mark, that is from perfection, the Lord will pardon us what is wanting.

제223문 : 그러니까 어떤 사람이 우리를 미워한다면, 우리를 사랑해야 할 마땅한 책임이 그에게 있는 것이며, 그는 또한 여전히 우리의 이웃이므로 우리에게 중요한 존재라는 말이군요. 하나님의 질서가 불변하기 때문에 우리 사이에 있는 이러한 관계는 사랑의 관계로 결속된다는 뜻이군요.

답 : 네, 그렇습니다.

제224문 : 십계명이 하나님을 예배하는 진정한 방식을 나타내 보여주기 때문에 우리는 마땅히 계명이 정한 대로 살아야 하지 않을까요?

답 : 네, 당연히 그렇게 살아야 합니다. 그러나 모든 사람이 연약함 가운데 살고 있어서 계명이 정한 모든 면을 어느 누구도 제대로 지키지는 못합니다.

제225문 : 그러면 왜 하나님은 우리가 지킬 수 있는 능력의 한계를 벗어나는 완전을 요구하십니까?

답 : 하나님은 우리가 당연히 해야 하는 훌륭한 수준을 넘는 것까지 요구하시지는 않습니다. 하지만 율법이 정한 삶의 방식대로 살기 위해 노력한다면, 비록 완전이라는 목표에 도달하지 못한 상태라 할지라도 주님은 우리의 부족함을 용서해 주실 것입니다.

**Q226** : Do you speak in this manner of all men, or only of believers?

**A** : He who is not yet regenerated by the Spirit of God, is not indeed qualified, to perform the least point of the law. Besides if we should grant some one to be found who should observe the law in some part, yet we could not from that determine that he complied with it fully in the sight of God. For He pronounces all those accursed, who do not fulfil all things contained in the law(Deuteronomy 27:26, Galatians 3:10).

제226문 : 모든 사람이 이런 방식으로 살아야 합니까? 아니면 오직 신자들만 해당됩니까?

답 : 아직 하나님의 영으로 거듭나지 않은 사람은 계명의 가장 적은 부분도 지킬 수 있는 자격조차 되지 못합니다. 게다가 어떤 사람이 계명의 일부를 지킨 것으로 보인다 하더라도 그가 하나님 앞에서 계명을 제대로 지켰다고 우리가 판단할 수도 없습니다. 왜냐하면 계명에 들어있는 모든 것을 지키지 못한 자들은 모두 저주를 받는다고 하나님이 선언하시기 때문입니다(신명기 27:26, 갈라디아서 3:10).

# 33. The Functions of the Law

Q227 : Hence we must conclude, that as there are two sorts of men, so the office of the law is twofold.

A : Yes, for among unbelievers it effects nothing only as it precludes them from all excuse before God. And this is what Paul says, when he calls it the ministration of condemnation and death: towards believers it has a very different use(Romans 1:32, 2 Corinthians 3:6).

Q228 : What use?

A : First, while they learn from it, that it is impossible for them to obtain justification by works, they are instructed in humility, which is the true preparation for seeking salvation in Christ. Secondly, that, in as much as the law demands of them more than they can perform, it excites them to seek strength of the Lord, and at the same time admonishes them of their constant guilt, lest they should presume to be proud. Lastly, It is to them like a bridle by which they are held, in the fear of God(Romans 3:20, Galatians 2:16; 3:11; 4:5).

## 제33장 율법의 기능

제227문 : 그래서 우리가 결론을 내리자면, 두 종류의 사람이 있는 것처럼 율법도 두 가지 일을 한다는 말이군요.
답 : 네, 그렇습니다. 불신자들에게는 율법이 하나님 앞에서 어떠한 핑계도 대지 못하도록 합니다. 그래서 율법이 정죄와 사망의 직분을 감당한다고 바울이 말한 것입니다. 하지만 신자들에 대해서는 이 율법이 아주 다른 용도를 가지고 있습니다(로마서 1:32, 고린도후서 3:6).

제228문 : 어떤 용도입니까?
답 : 첫째, 선행을 통해서는 의롭다 함을 받을 수 없다는 사실을 이 율법을 통해서 알게 됨으로써 그리스도 안에서 구원을 찾는 진정한 준비를 하도록 겸손을 배우게 됩니다. 둘째, 율법은 신자들이 지킬 수 있는 것보다 훨씬 더 많은 것을 요구하기 때문에 신자들을 자극해서 주님의 능력을 구하도록 만듭니다. 또한 동시에 끊임없이 죄책감이 들도록 해서 교만하지 않도록 해주기도 합니다. 셋째, 율법은 신자들이 하나님을 경외하도록 그들을 씌우는 굴레와 같은 것입니다(로마서 3:20, 갈라디아서 2:16; 3:11; 4:5).

Q229 : Although then, in this earthly pilgrimage, we cannot satisfy the law, we must not account it superfluous that it demands of us such entire perfection; for it points out to us the mark at which we are to aim, the goal for which we are to contend: that each one of us may strive, with zealous assiduity, according to the measure of the grace given him, to conform his life to the highest rectitude, and to be still making continual progress.

A : So I think.

Q230 : Have we not in the law a perfect rule of all righteousness?

A : We have, and God requires nothing more of us, than that we should follow it. But on the other hand, He accounts and rejects as corrupt, whatever we undertake beyond what He has prescribed. Nor does He hold any other sacrifice accepted but obedience(1 Samuel 15:22, Jeremiah 7:22).

Q231 : For what purpose then are so many admonitions, commands, and exhortations, constantly given by the prophets and apostles?

A : They are merely so many expositions of the law, which lead us by the hand to its obedience, and by no means draw us from it.

제229문 : 그러므로 우리는 이 세상에서 신앙생활을 하는 동안 율법을 만족시킬 수 없다는 이유로 율법을 완전히 지킬 필요가 없다고 생각해서는 안 됩니다. 왜냐하면 율법은 우리가 목표로 해야 할 표지이고 우리가 싸워서 도달해야 할 목적지이기 때문입니다. 그래서 우리 각자 받은 은혜의 분량에 따라 최고로 청렴한 삶을 살고 끊임없이 발전해 나아가는 삶을 살도록 열정을 가지고 부지런히 힘써야 합니다.

답 : 네, 그렇게 생각합니다.

제230문 : 우리는 모든 의로움에 대한 완전한 기준을 율법에서 얻지 않습니까?

답 : 네, 율법에서 얻습니다. 하나님은 우리가 율법을 따르는 것 외에 그 어떤 것도 요구하시지 않습니다. 다른 한편으로는, 하나님이 정하신 것 외에 우리가 행한 일은 무엇이든 인정하지 않고 잘못된 것으로 물리치십니다. 또한 그 어떤 다른 제사라도 순종 외에는 결코 받으시지 않습니다(사무엘상 15:22, 예레미야 7:22).

제231문 : 그러면 선지자들과 사도들에 의해 지속적으로 사용된 수많은 훈계, 명령, 권면은 어떤 목적을 가지고 있습니까?

답 : 그것들은 단지 율법에 대한 해석으로 우리를 율법에 순종하도록 인도하고 율법에서 벗어나지 않도록 하는 것입니다.

**Q232 :** But does it command nothing concerning the callings of individuals?

**A :** As it commands us to render to each one his due, it is easy to collect from it what those personal duties are, which each one should perform, in his station and course of life. And those numerous expositions of each precept mentioned above, are repeatedly published in the Scriptures. For what God summarily includes in a few words in these two tables of the law, is more fully and extensively illustrated in other parts of His word.

제232문 : 그런데 율법이 개인의 소명에 대해서는 아무것도 명하지 않습니까?

답 : [아닙니다.] 율법이 각자의 임무를 다하도록 명령하듯이 어떤 상황에서 또는 인생에서 개인의 임무가 어떤 것들인지 어떤 일을 수행해야 하는지를 쉽게 알 수 있습니다. 앞서 말했듯이 계명에 대한 수많은 해석들이 성경에 반복적으로 기록되어 있습니다. 십계명의 두 돌판에 요약되어 기록된 하나님의 말씀은 성경 다른 부분에 훨씬 자세히, 그리고 폭넓게 설명되어 있기 때문에 [소명에 대해] 쉽게 알 수 있습니다.

# 제3부
# 기도에 대한 교리

The Doctrines of PRAYER

# 34. Betaking Ourselves to God

Q233 : Having discoursed sufficiently concerning submission and obedience, which are the second part of the honour due to God, let us now treat of the third.

A : We called it Invocation, in as much as we betake ourselves to God in all our necessities.

Q234 : Do you suppose that He alone is to be invoked?

A : Yes, for that is what He demands as the peculiar honour of His Godhead.

Q235 : If it is so, how is it lawful for us to implore the assistance of men?

A : The difference is very great in these two cases. For when we invoke God, we testify, that we look no where else for any blessing, and that our whole defence is placed entirely in Him. However, He, at the same time, permits us to seek assistance from those to whom He has given the power to help us.

# 제34장 하나님을 향한 삶

제233문 : 하나님께 돌릴 마땅한 영예의 두 번째 부분인 섬김과 순종에 대해 충분히 다루었으므로 이제는 세 번째 부분을 다루기 바랍니다.
　답 : 우리가 기도라고 했던 것이며, 이는 우리의 모든 필요를 위해서 하나님께로 향하는 것입니다.

제234문 : 기도는 하나님께만 드려야 한다고 생각합니까?
　답 : 그렇습니다. 왜냐하면 기도는 하나님의 고유한 영광으로써 하나님이 요구하시는 것이기 때문입니다.

제235문 : 그렇다면 우리가 사람들에게 도움을 요청하는 것이 어떻게 정당한 일이 됩니까?
　답 : 이 두 가지는 매우 큰 차이가 있습니다. 왜냐하면 우리가 하나님께 기도할 때는 우리가 그 어떤 곳에서도 복을 찾지 않는다는 것과 전적으로 하나님만 의지한다는 것을 증거하기 때문입니다. 그러나 동시에 하나님은 우리를 도울 수 있는 능력이 있는 사람에게 도움을 구하도록 허락하십니다.

Q236 : You say then, that when we invoke the true God we may betake ourselves to the help and support of men, provided we do not by any means put our trust in them; and that we must no otherwise ask their aid, but as they are endowed of God with the ability of being the ministers and dispensers of His favours, for our benefit.

A : It is so. And therefore whatever benefits we receive from them, we must consider as received from God; for the fact is that He bestows all those things upon us, by their agency.

Q237 : But must we not give thanks to men, as often as they perform for us any office of kindness. For that is dictated by natural justice, and the law of humanity?

A : We must thank them, and for this sole reason, that God dignifies them with this honour, that those good things, which flow from the inexhaustible fountain of His fullness, are poured upon us as streams through their hands. By this method He binds us to them, and wills that we acknowledge the obligation. Therefore, he who does not show himself grateful to men, in this way betrays also ingratitude to God.

제236문 : 말하자면 우리가 참 하나님께 기도할 때 사람들의 도움과 후원을 바랄 수 있지만 우리가 결코 그들을 의지해서 그런 것도 아니고 그들의 도움을 요구하는 것도 아니며, 다만 하나님이 그들에게 하나님의 은총과 혜택을 나누어 줄 수 있는 대리자와 분배자의 능력을 부여하신 것이라고 이해하고 있군요.

답 : 네, 그렇습니다. 그러므로 우리가 그러한 사람들로부터 받게 되는 은택을 하나님께 받은 것으로 여겨야 합니다. 왜냐하면 하나님은 사실 이 모든 것을 대리자를 통해 우리에게 주시기 때문입니다.

제237문 : 그러나 사람들이 우리에게 어떤 친절한 일을 행한 만큼이나 우리는 그들에게 감사해야 하지 않을까요? 그것은 당연한 정의감과 인간의 도리를 따르는 일이 아닐까요?

답 : 당연히 우리는 그들에게 감사해야 합니다. 그리고 그 이유는 오직 하나님이 그들을 영화롭게 하셔서 마르지 않는 넘치는 샘으로부터 흘러나오는 축복의 물줄기가 그들의 손을 통해 우리에게 흘러 들어올 수 있도록 하셨기 때문입니다. 이러한 방법으로 하나님은 우리를 그들과 연결하심으로써 우리가 그들에 대한 감사의 의무를 인정하기를 원하십니다. 그러므로 그러한 사람들에게 감사를 표하지 않는 사람은 마찬가지로 하나님께 감사를 드리지 않는 마음을 드러내는 것입니다.

Q238 : May we conclude from hence that it is wicked to invoke either angels, or the holy servants of the Lord who have departed this life?

A : We may. For God has not assigned those services to the saints, that they should assist us. And as to the angels, although He uses their labours for our welfare, yet He will not have us pray to them.

Q239 : You say, then, that whatever does not agree and fitly accord with the order instituted of God contravenes His will.

A : It is so, for it is a certain sign of unbelief, not to be contented with those things which God gives to us. If then we betake ourselves to the assistance of angels or departed saints, when God calls us to Himself alone, if we transfer to them our confidence, which should rest entirely on Him, we fall into idolatry; as we indeed impart among them, that which God challenges in full as belonging to Himself alone.

제238문 : 그렇다면 우리가 천사들이나 이미 세상을 떠난 주님의 거룩한 종들에게 기도하는 것은 악한 일이라고 결론을 내릴 수 있을까요?

답 : 네, 그렇습니다. 왜냐하면 하나님은 죽은 신자들에게 우리를 도울 수 있는 직분을 주시지 않았기 때문입니다. 그리고 천사들에 대해 말하자면, 비록 하나님은 우리의 구원을 위해 천사들의 일을 사용하시지만 우리가 천사들에게 기도하는 일은 원하시지 않습니다.

제239문 : 그러면 하나님이 정하신 원칙에 맞지 않는 것이라면 무엇이든지 하나님의 뜻에 위배된다는 말이군요.

답 : 네, 그렇습니다. 왜냐하면 하나님이 우리에게 주시는 축복에 대해 우리가 만족하지 못하는 것은 불신앙을 드러내는 확실한 표시이기 때문입니다. 오직 하나님께서만 우리를 부르시는데 우리가 천사들이나 죽은 신자들을 향해 나아간다면, 게다가 전적으로 하나님을 의지해야 하는데 그러한 존재들에게 신뢰를 둔다면 우리는 우상숭배에 빠지게 되는 것입니다. 이는 하나님만 홀로 완전히 소유하고 계시는 것을 우리가 실로 천사들이나 죽은 신자들에게도 있다고 믿는 것으로써 하나님께 도전하는 행위입니다.

# 35. True Prayer

Q240 : Now let us treat of the nature of prayer. Is it enough in prayer to utter words, or does it require the understanding and the heart?

A : Words indeed are not always necessary; but true prayer can never be offered without the understanding and the heart.

Q241 : By what argument will you prove this to me?

A : Since God is a spirit, and in other duties always demands the heart from men, so He especially does in prayer, in which they, converse with Him. Nor does He promise Himself to be nigh unto any, but those who call upon Him in truth: But on the other hand, He holds in abomination all those who pray in hypocrisy, and not from the heart.

Q242 : All those prayers are then vain and ineffectual which are made by the mouth only(Psalms 145:18, Isaiah 29:13).

A : Not only so; but they are very displeasing to God.

# 제35장 참된 기도

제240문 : 이제 기도의 방법에 대해 다루기로 합시다. 기도할 때 말로만으로 충분합니까? 아니면 이성과 마음도 필요합니까?

답 : 항상 말이 필요한 것은 아닙니다. 그러나 이성과 마음이 없다면 참된 기도를 드렸다고 할 수 없습니다.

제241문 : 그것을 어떤 주장으로 증명해줄 수 있습니까?

답 : 하나님은 영적인 분이기 때문에 다른 일에 있어서도 사람들로부터 항상 마음을 요구하시는데, 특히 하나님과 교통하는 기도에 있어서 더욱 그러합니다. 진리 안에서 기도하는 자 외에는 그 어느 누구에게도 가까이하지 않겠다고 약속하셨습니다. 반면에 하나님은 외식으로 기도하는 자들이나 마음에서 우러나는 기도를 하지 않는 자들은 몹시 싫어하십니다.

제242문 : 그렇다면 다만 입으로만 하는 모든 기도는 헛되고 열매를 얻지 못하는 기도라는 말이군요(시편 145:18, 이사야 29:13).

답 : 네, 그렇습니다. 그뿐만 아니라 하나님을 불쾌하게 하는 기도입니다.

Q243 : What disposition does God require in prayer?

A : First, that we be sensible of our poverty and wretchedness; and that a sense of these should produce grief and anxiety of mind. Secondly, that we be animated with such a vehement and devout desire to obtain the favour of God, as may enkindle in us a spirit of ardent prayer.

Q244 : Is that disposition natural to men, or do they derive it from the grace of God?

A : In this the assistance of God is necessary; for we are altogether stupid in both those points. And it is the Spirit of God, as Paul says, who excites in our minds those unutterable groans, and creates those desires which are required in prayer(Romans 8:25, Galatians 4:6).

Q245 : Does this doctrine imply that we may sit down, and indifferently wait the motions of the Spirit, and that we have no occasion to stir up ourselves to prayer?

A : Not at all; but this is its tendency; that when we perceive ourselves to grow cold, sluggish, and indisposed to prayer, we should betake ourselves to God, and entreat that we may be awakened by the sharp convictions of the Holy Spirit, and thus be fitted for the duty of prayer.

제243문 : 기도할 때 하나님이 요구하시는 마음가짐은 어떤 것입니까?

답 : 먼저 우리가 가난하고 비참하다고 느껴야 합니다. 그런 감정은 우리로 하여금 슬프고 걱정하는 마음이 되도록 합니다. 다음은 하나님의 은혜를 얻고자 하는 격렬하고도 절실한 열망으로 꿈틀거려야 합니다. 그래서 열렬한 기도의 영이 우리 안에서 불타야 합니다.

제244문 : 이런 마음가짐은 사람에게 본성적으로 있는 것입니까? 아니면 하나님의 은혜로부터 주어진 것입니까?

답 : 이런 마음가짐에 있어서 하나님의 도움이 반드시 필요합니다. 왜냐하면 우리 모두는 그 두 가지 면에 있어서 우둔하기 짝이 없기 때문입니다. 사도 바울이 말하듯이 우리 마음속에서 이루 말할 수 없는 탄식이 일도록 하시는 분은 성령입니다. 그리고 성령은 기도에 필요한 열정과 간절한 마음을 주십니다(로마서 8:25, 갈라디아서 4:6).

제245문 : 이 가르침은 기도하기 위해 우리 자신을 자극할 필요가 없고 단지 앉아서 조용히 성령의 활동만을 기다리면 된다는 뜻인가요?

답 : 결코 그렇지 않습니다. 오히려 이런 의도입니다. 즉, 기도가 냉랭해지고 느긋해지고 게다가 기도할 마음이 내키지 않음을 느낄 때 우리는 하나님께로 향해야 하고 예리한 가시와 같이 찌르는 성령의 일깨우심을 간구함으로써 기도하기에 적합한 마음이 되도록 하는 것입니다.

Q246 : You do not mean, however, that there is no use for the voice in prayer?

A : By no means; for the voice is often a help to elevate and guide the mind, that it may be restrained from wandering from God. Besides, as the tongue was created above the other members, to celebrate the glory of God, it is proper that its whole power should be devoted to this service. And besides, the ardour of devotion sometimes impels the tongue, without our intention, to utter itself in an audible voice.

Q247 : If it is so, what profit do those have who pray in an unknown language, without understanding it themselves?

A : That is nothing else, than trifling with God; therefore such hypocrisy should be removed from Christians.

제246문 : 그렇지만 기도하는 데 목소리가 필요 없다는 의미는 아니겠지요?

답 : 네, 결코 필요 없다는 뜻이 아닙니다. 왜냐하면 목소리는 종종 마음을 들어 올려주고 안내함으로써 하나님으로부터 벗어나지 않도록 도움을 주기 때문입니다. 게다가 혀는 우리 신체의 그 어느 부분보다도 하나님의 영광을 찬양하도록 창조되었기에 이러한 찬양을 위해 혀의 모든 능력을 다 사용하는 것은 당연한 일입니다. 또한 때때로 헌신에 대한 열정으로 인해 혀는 우리의 의도와 상관없이 소리를 내기도 합니다.

제247문 : 그렇다면 기도할 때 우리가 이해하지 못한 채 알지도 못하는 언어를 사용한다면 어떤 유익이 있습니까?

답 : 그렇게 하는 것은 하나님을 조롱하는 것밖에 되지 않습니다. 그러므로 그런 위선은 그리스도인들에게는 있어서는 안 될 일입니다.

# 36. Praying with Confidence

Q248 : But when we pray, shall we do it at a venture, uncertain of success; or does it become us to be certainly persuaded that we shall be heard?

A : This should be the perpetual foundation of prayer; that we shall be heard, and shall obtain whatsoever we ask, as far as is conducive to our good. For this reason, Paul teaches that a right invocation of God flows from Faith: For no one ever, in a right manner, called upon God, unless he first rested with a sure confidence upon His goodness.

Q249 : What then is the case with those who pray doubtingly, and are uncertain, whether they shall obtain any thing by prayer, or whether they shall be even heard of God?

A : Their prayers are vain and useless, as they are supported by no promise. For we are commanded to ask with an assured Faith, and the promise is added, that whatsoever we ask believing, we shall receive(Matthew 21:22, Mark 11:24, James 1:6, Psalms 50:15; 91:15; 145:18, Isaiah 30:19; 65:1, Jeremiah 29:12, Joel 2:32, Romans 8:25; 10:13, 1 Timothy 2:5, 1 John 21, Hebrews 4:14, John 14:14).

# 제36장 확신 있는 기도

제248문 : 그러면 우리가 기도할 때 이루어지리라는 확신이 없이 운에 맡겨야 할까요? 아니면 우리의 기도를 하나님이 들으실 것이라고 확신해야 합니까?

답 : 하나님이 우리의 기도를 들으시고 무엇이든 우리에게 선한 것이라면 구하는 대로 얻도록 하신다는 사실이 변함없는 기도의 근거가 되어야 합니다. 이러한 이유로 사도 바울은 하나님을 향한 올바른 기도는 믿음으로부터 나온다고 교훈합니다. 누구든지 먼저 하나님의 선에 대한 분명한 확신이 없다면 하나님께 올바로 기도하는 자가 되지 못하는 것입니다.

제249문 : 그렇다면 기도를 통해 응답받을 수 있을지, 심지어 하나님이 기도를 들으시는지조차 확신하지 못한 채로 의심하는 기도를 하는 경우는 어떻게 됩니까?

답 : 그런 사람들의 기도는 약속이 보장되지 않기 때문에 헛되고 무익한 것입니다. 왜냐하면 우리는 확실한 믿음으로 구하라는 명령을 받았고, 게다가 우리가 믿고 구하는 것은 무엇이든지 받게 될 것이라는 약속까지 받았기 때문입니다(마태복음 21:22, 마가복음 11:24, 야고보서 1:6, 시편 50:15; 91:15; 145:18, 이사야 30:19; 65:1, 예레미야 29:12, 요엘 2:32, 로마서 8:25; 10:13, 디모데전서 2:5, 요한일서 2:1, 히브리서 4:14, 요한복음 14:14).

Q250 : But since we are, in so many respects, unworthy of His notice, how may we obtain this confidence, that we should presume to place ourselves in His presence?

A : First, we have the promises, by which it is clearly determined, hat the consideration of our own worthiness is omitted. Secondly, if we are sons, His Spirit will animate and awaken us, that we shall betake ourselves familiarly to Him as to a Father. And although we are as worms of the dust, and pressed with the consciousness of our sins; yet that we may not dread His glorious majesty, He proposes to us Christ, the Mediator, as the way in which we may approach Him, with the confidence, that we shall obtain His favour.

Q251 : You understand, then, that God is not to be approached, but in the name of Christ alone?

A : So I think; for He thus commands in express words; and the promise is added, that He will grant, through His intercession, that we shall obtain those things which we ask.

제250문 : 하지만 우리가 많은 면에서 하나님 앞에 아무런 가치가 없는 자들이라는 이유를 생각할 때, 어떻게 하나님 앞에 우리 자신을 감히 드러내 보일 수 있는 확신을 가질 수 있습니까?

답 : 첫째, 우리는 하나님의 약속을 소유한 사람들입니다. 이 약속은 우리 자신의 가치에 대해 전혀 고려하지 않은 상태로 주어진 것입니다. 둘째, 우리가 하나님의 아들들이라면 하나님의 영이 우리에게 생기를 불어넣고 우리를 일깨워 주심으로써 하나님을 아버지로 여기고 친근하게 하나님께 나아가도록 하십니다. 비록 우리가 흙 가운데 있는 지렁이 같다 할지라도, 그리고 우리의 죄악 때문에 양심이 짓눌려 있다 할지라도, 하나님의 영광스러운 위엄을 무서워하지 않고 오히려 하나님 앞에 믿음으로 나아갈 수 있도록 우리에게 중보자 그리스도를 세워 주셨고 하나님의 은혜를 얻을 수 있도록 해주셨습니다.

제251문 : 그렇다면 하나님 앞에 바로 나아갈 수 없고 대신 그리스도의 이름으로만 나아갈 수 있다는 뜻인가요?

답 : 네, 그렇게 생각합니다. 왜냐하면 하나님께서 말씀을 통해 그렇게 명령하셨고, 우리가 구하는 것들은 그리스도의 중보를 통해 받을 수 있도록 하시겠다는 약속을 덧붙여 말씀하셨기 때문입니다.

Q252 : They are not then to be accused of rashness or arrogance who, relying on this Advocate, familiarly approach God, and propose Him alone, both to God and themselves, as the way of acceptance?

A : By no means; for he who thus prays offers his prayers, as from the mouth of his Advocate, knowing that his prayer is assisted and commended through His intercession(Romans 8:15, 33).

제252문 : 그렇다면 이러한 변호자를 의지하고 하나님 앞에 친밀하게 나아가며 하나님과 사람들 사이에 유일하게 서 계시는 중보자를 통해 그들이 받아들여진다고 믿는다면 무모하고 교만한 자들이 아닐까요?

답 : 결코 그렇지 않습니다. 왜냐하면 그와 같이 자신의 기도를 드리는 사람은 자신의 기도가 변호자 그리스도의 중재로부터 도움을 받고 권함을 받는 것임을 알고 그리스도의 입으로부터 나오는 것으로 믿기 때문입니다(로마서 8:15, 33).

# 37. The Lord's Prayer

Q253 : Let us now consider what the prayers of believers ought to contain. Is it lawful to request of God any thing which enters our mind, or is some certain rule to be observed?

A : It would be presumptuous, in prayer, to indulge our own inclinations and the will of the flesh; for we are too ignorant to determine what is best for ourselves, and we labour under those irregular appetites which it is necessary should be restrained with a bridle.

Q254 : What then must be done?

A : It is our privilege that God has prescribed for us the correct form of praying; that we may follow Him as if preceding our words, and guiding us by the hand.

Q255 : What rule has He prescribed?

A : Ample and copious instruction on this subject is delivered to us in various parts of the Scriptures. But that He might represent the object more clearly, He composed a formula, in which He has embraced and digested into a few heads, whatever it is lawful for us to ask of God, or that is for our benefit to obtain.

# 제37장 주기도문

제253문 : 이제 신자들의 기도 내용으로는 무엇을 담아야 하는지 알아봅시다. 우리 생각 속에 있는 것이라면 무엇이든 하나님께 요구해도 됩니까? 아니면 지켜야 할 어떤 규칙이라도 있습니까?

답 : 우리가 하고 싶은 대로, 육체의 욕망대로 기도하는 것은 잘못된 것입니다. 왜냐하면 우리는 무엇이 우리에게 제일 좋은 것인지를 판단하지 못할 정도로 무지하고, 반드시 제어할 필요가 있는 무절제한 탐욕에 따라 행동하기 때문입니다.

제254문 : 그러면 무엇을 해야 합니까?

답 : 하나님이 우리에게 올바른 기도 형식을 정해주신 것은 우리가 누리는 특권입니다. 그래서 하나님이 우리보다 앞서 말씀하시고 우리 손을 잡고 인도하시는 것처럼 우리는 하나님을 따를 수 있습니다.

제255문 : 하나님은 어떤 원칙을 정해주셨습니까?

답 : 이 주제에 관련해서 충분하고 자세한 교훈이 성경 여러 곳에 제시되어 있습니다. 그러나 주님께서 더 확실한 목적을 위해 하나의 모범 형식을 제시해 주셨습니다. 그래서 하나님께 구하기에 합당한 것이 무엇인지 우리가 받기에 유익한 것이 무엇인지 몇 가지 주제로 요약해서 말씀해 주셨습니다.

Q256 : Rehearse it.

A : Our Lord Jesus Christ, being asked by His disciples in what manner they should pray, answered, when ye pray, say,—*Our Father, who art in Heaven; hallowed be thy name; thy kingdom come; thy will be done, on earth as it is in heaven: Give us this day, our daily bread: Forgive us our debts, as we forgive our debtors; and lead us not into temptation; but deliver us from evil: For thine is the kingdom, the power, and the glory, forever. Amen*(Matthew 6:9, Luke 11:2).

Q257 : That we may better understand what it contains, let us divide it into heads.

A : It contains six parts: The three first respect only the glory of God, as their peculiar object. The others respect us and our welfare.

Q258 : Is any thing then to be asked of God, from which no benefit is to be derived to ourselves?

A : He so orders all things from His infinite goodness, that whatever is for His glory is beneficial also to us. Therefore, when His name is sanctified, He causes it to turn to our sanctification. His kingdom cannot come, but that we are, in some manner, partakers of its privileges. But in praying for all these things, it is our duty, passing by all advantage to ourselves, to regard His glory alone.

제256문 : 그 형식을 암송해보기 바랍니다.
답 : 우리 주 예수 그리스도께서 제자들이 어떻게 기도해야 하는지 가르쳐 달라고 했을 때 대답하신 것으로, "너희는 이렇게 기도하라"고 말씀하셨습니다. *하늘에 계신 우리 아버지 아버지의 이름을 거룩하게 하시며, 아버지의 나라가 오게 하시며, 아버지의 뜻이 하늘에서와 같이 땅에서도 이루어지게 하소서. 오늘 우리에게 일용할 양식을 주시고, 우리가 우리에게 잘못한 사람을 용서하여 준 것 같이 우리 죄를 용서하여 주시고, 우리를 시험에 빠지지 않게 하시고, 악에서 구하소서. 나라와 권능과 영광이 영원히 아버지의 것입니다. 아멘*(마가복음 6:9, 누가복음 11:2).

제257문 : 이 기도문이 담고 있는 내용을 더 잘 이해하기 위해 몇 개의 주제로 나누어 봅시다.
답 : 이 기도문은 여섯 부분으로 이루어져 있습니다. 처음 세 부분은 오직 하나님의 영광에 대한 것으로 각 부분에 대한 고유한 목적이기도 합니다. 나머지 세 부분은 우리와 관련된 것으로 우리의 복에 대한 부분입니다.

제258문 : 그러면 우리에게 아무런 혜택이 없는데도 무언가를 하나님께 구해야만 합니까?
답 : 무한한 선으로부터 만물을 다스리시는 하나님은 하나님께 영광이 되는 것이라면 무엇이든지 또한 우리에게 유익하도록 하십니다. 그러므로 하나님의 이름이 거룩히 여겨질 때 그 거룩함이 우리에게 향하도록 돌려주십니다. 또한 어떤 방식으로든 하나님 나라에 참여하는 특권을 주시는 일 없이 하나님의 나라가 임할 수 없습

Q259 : Truly, according to this doctrine, these three petitions are also connected with our benefit. And yet we ought to aim at no other end, than this, that the name of God maybe glorified.

A : It is so, and in like manner the glory of God is to be regarded by us, in the other three; although these are peculiarly designed for them who pray for those things which are for their own health and benefit.

니다. 하지만 이 모든 것을 구하는 데 있어서 우리가 누릴 유익은 기대하지 않고 대신 하나님의 영광만을 위하는 것이 우리의 도리입니다.

제259문 : 정말로 이 교훈에 의하면 이 세 가지 간구 역시 우리의 유익과 관련되어 있습니다. 그러나 하나님의 이름이 영화롭게 되는 것 외에 다른 목적을 가져서는 안 된다는 것이군요.

답 : 네, 그렇습니다. 나머지 세 부분도 비록 우리의 건강이나 유익을 위해 기도하는 것으로 되어 있지만 마찬가지로 하나님의 영광을 위한 것이어야 합니다.

# 38. God, the Father

Q260 : Let us proceed now to an exposition of the words. And, first; why is the name Father, in preference to any other, here attributed to God.

A : As the first requisite of prayer is to have a firm assurance of conscience, God assumes this name to Himself, which signifies nothing but pure kindness, so that our minds being freed from all anxiety, He invites us, familiarly, to approach Him in prayer.

Q261 : May we then confidently use that freedom in approaching God, which children commonly use in addressing their parents?

A : Yes, entirely; and with a much surer confidence that we shall obtain what we ask. For, as our Lord teaches, if we, who are evil, cannot deny good things to our children; nor send them away empty; nor give them poison for bread; how much more beneficence is to be expected from our heavenly Father, who is not only the chief good, but goodness itself(Matthew 7:11)?

# 제38장 아버지 하나님

제260문 : 이제 기도문 속에 있는 말들에 대한 설명으로 넘어갑시다. 먼저 하나님을 부르는 데 있어서 다른 이름보다도 왜 아버지라는 이름으로 부릅니까?

답 : 기도의 첫 번째 필수 조건은 흔들림 없이 확신에 차 있는 양심입니다. 그러므로 하나님은 완전한 친절의 상징인 아버지라는 이름으로 자신을 나타내십니다. 그래서 하나님은 우리의 마음이 모든 염려로부터 벗어나도록 해주셔서 기도를 통해 하나님께 친근하게 접근할 수 있도록 우리를 불러 주시기 때문입니다.

제261문 : 그러면 대개 아이들이 부모를 부르는 데 사용하듯이 우리가 하나님께 나아갈 때 확신을 가지고 자신만만하게 사용해도 됩니까?

답 : 네, 당연히 그렇습니다. 우리가 하나님께 구해서 얻게 될 것이라는 확신보다 훨씬 더 커도 됩니다. 왜냐하면, 우리 주님이 다음과 같이 가르쳐 주셨기 때문입니다. "우리가 악할지라도 우리는 자녀들에게 좋은 것을 주고 그들을 빈손으로 돌려보내지 않으며 빵 대신 독을 주지 않는 법인데, 가장 선한 분이요 선 그 자체인 하늘 아버지께로부터 얼마나 더 많은 혜택을 기대할 수 있겠는가 (마태복음 7:11)?"

Q262 : May we not, from this name also, draw an argument, to prove that which was said in the beginning, that all prayers ought to be founded on the intercession of Christ?

A : It does most assuredly. For God holds us in the place of children, only as we are the members of Christ(John 15:17, Romans 8:15).

Q263 : Why do you call Him *our Father* in common, rather than your own, as an individual?

A : Every believer is able to call Him his own, but our Lord used this common appellation, that He might accustom us to the exercise of charity in our prayers; that no one should so much regard himself as to forget others.

Q264 : What do you mean by that clause, *Who art in heaven?*

A : It is the same, as if I should call Him, exalted, powerful, and incomprehensible.

제262문 : 이 이름은 또한 우리가 처음에 말한 모든 기도가 그리스도의 중보에 근거해야 한다는 사실을 뒷받침하는 주장을 이끌어 내는 것 아닙니까?

답 : 네, 그것은 가장 분명한 사실입니다. 왜냐하면 우리가 오직 그리스도의 지체일 경우에만 하나님은 우리를 자녀의 자리에 있도록 하시기 때문입니다(요한복음 15:17, 로마서 8:15).

제263문 : 왜 우리는 하나님을 우리 각자의 아버지로 부르는 대신 다 같이 *우리 아버지*라고 부릅니까?

답 : 신자들은 각각 자신의 하나님으로 부를 수 있지만 우리 주님이 공통적인 이 호칭을 사용하심으로써 우리로 하여금 기도를 통해 사랑을 실천하는 일에 익숙하게 하시고, 다른 사람들은 잊어버릴 정도로 자기 자신에게만 너무 관심을 갖지 않도록 하십니다.

제264문 : *하늘에 계신 분*이라는 구절의 의미는 무엇입니까?

답 : 우리가 하나님을 지극히 높고, 전능하고, 우리 이성으로 이해할 수 없는 분이라고 말할 때와 같은 뜻입니다.

**Q265 : Wherefore is it, and in what manner?**

**A :** Truly, in this manner we are taught to raise our minds on high, when we pray to Him, that our thoughts may not be occupied by earthly and carnal things; that we may neither limit Him by the measure of our understanding, nor by judging too meanly of Him, be disposed to bring Him into subjection to our wills; but that we may rather be taught to adore His glorious Majesty with fear and reverence. It tends also to awaken and confirm our confidence in Him, while He is declared to be the Lord and ruler of heaven, ordering all things after the counsel of His own will.

**제265문 :** 어떤 목적으로 어떤 식으로 그렇다는 것입니까?

**답 :** 우리가 하나님께 기도할 때 그와 같이 말함으로써 정말로 우리의 마음을 높이 올리게 된다고 배웁니다. 그래서 우리의 생각이 세속적이고 육체적인 것들로 가득 차지 않도록, 하나님에 대한 우리의 이해력 수준이나 하나님에 대한 너무 가벼운 생각으로 하나님의 능력을 제한하지 않도록, 또한 하나님을 우리의 뜻에 복종시키려 들지 않도록, 오히려 우리가 하나님을 두려워하고 존경함으로써 영광스러운 하나님의 위엄을 찬양하도록 배우게 됩니다. 또한 우리가 하나님을 그분 자신의 뜻에 따라 모든 일을 섭리하시는 하늘의 주님이요 통치자라고 말하는 동안 하나님에 대한 우리의 확신이 일깨워지고 견고해집니다.

# 39. The First & Second Petition

Q266 : What is the sum of the first petition?

A : By the name of God, the Scriptures understand, that knowledge and glory of His which is celebrated among men. We pray therefore that His glory maybe advanced every where and by all people.

Q267 : But can any thing be added to, or taken from His glory?

A : In Himself He is neither increased nor diminished. But we desire Him to be made manifest according to His excellency among all people; that whatever God does, that all His works, as they are, so they may appear to be, glorious; and that He may be glorified by all means.

Q268 : What do you understand by the *kingdom of God*, in the second petition?

A : It consists chiefly in two things; that He governs His elect, by His Spirit; and that He destroys the reprobate, who obstinately refuse to give up themselves in obedience to Him; that it may be manifest to all, that there is nothing, that is able to resist His power.

# 제39장 첫 번째 간구와 두 번째 간구

제266문 : 첫 번째 간구의 핵심은 무엇입니까?

답 : 하나님의 이름을 통해 성경이 알려주는 내용은 사람들의 찬양 가운데 드러나는 하나님에 대한 지식과 하나님의 영광입니다. 그러므로 우리는 어디에서든 그리고 모든 사람에 의해서 하나님의 영광이 드러나도록 기도하는 것입니다.

제267문 : 그런데 하나님의 영광에 무언가를 더하거나 뺄 수 있습니까?

답 : 하나님은 본질적으로 늘어나거나 줄어드는 분이 아닙니다. 하지만 우리는 모든 사람 가운데서 하나님의 영화로움에 따라 하나님이 명백하게 드러나기를 기도하는 것입니다. 즉, 하나님이 하시는 모든 일은 무엇이든지 영광스러운 것처럼 당연히 영광스럽게 보이도록 기도하고, 그럼으로써 반드시 하나님이 영광을 받으시도록 기도하는 것입니다.

제268문 : 두 번째 간구에 있는 *하나님의 나라*를 어떻게 이해합니까?

답 : 주로 두 가지로 구성되어 있는 것으로 이해합니다. 하나는 하나님이 선택하신 자들을 하나님의 영으로 다스리신다는 것이고, 다른 하나는 타락한 자들, 즉 하나님께 대한 순종을 위해 자신을 포기해야 하는데 포기를 완강

Q269 : How do you pray, that *this kingdom may come?*
A : That the Lord would daily increase the number of believers; that He would enrich them constantly with fresh gifts of His Spirit, until they shall be perfected. Moreover, that He would render His truth more luminous, and His righteousness more manifest, by scattering the darkness of Satan, and abolishing all iniquity.

Q270 : Do not all these things daily come to pass?
A : They so come to pass, that the kingdom of God may be said to be begin. We pray, therefore, that it may be continually increased and enlarged, until it shall be advanced to its highest glory; which we trust will be accomplished at the last day, when all creatures being reduced to subjection, God shall be exalted and shine forth; and thus He shall be all in all(1 Corinthians 15:28).

히 거부하는 자들을 멸망시킴으로써 그 어떤 존재도 하나님의 권능에 저항할 수 없음을 모든 사람에게 명백히 드러내신다는 사실입니다.

**제269문 :** *아버지의 나라가 오게 하시며라고 기도할 때 어떤 뜻으로 기도합니까?*

**답 :** 주님께서 날마다 신자들의 수를 늘려주시도록, 신자들이 완전해질 때까지 하나님께서 성령의 새로운 은사들을 계속 부어주시도록 기도합니다. 또한 사탄의 어두움을 몰아냄으로써 하나님의 진리의 빛이 더욱 밝아지도록, 불의를 없앰으로써 하나님의 의가 더욱 드러나도록 기도합니다.

**제270문 :** 이러한 모든 일은 날마다 진행되고 있지 않습니까?

**답 :** 그러한 일들이 진행됨으로써 하나님의 나라가 시작되었다고 말할 수 있습니다. 그러므로 우리는 하나님 나라의 영광이 절정에 도달할 때까지 그 나라가 지속적으로 커지고 확장되도록 기도하는 것입니다. 우리가 믿기는 이 나라가 세상 마지막 날에 완성될 것이고, 그때 만물이 하나님께 복종하고, 하나님은 홀로 높임을 받으시고 빛을 발하게 될 것이며, 그리하여 하나님은 만유 안에 계시는 만유의 주님이 될 것입니다(고린도전서 15:28).

# 40. The Third Petition

Q271 : What is the meaning of this petition, *Thy will be done?*

A : That all creatures may be in submission to Him; and so depend on His pleasure, that nothing may be done but by His will.

Q272 : Do you suppose then that any thing can be done contrary to His will?

A : We not only pray that what He has determined with Himself may come to pass; but also that all obstinacy being subdued and subjected, He would bring the wills of all creatures into an harmonious obedience to His own.

Q273 : By praying in this manner do we not give up our own wills?

A : Entirely. And not merely to this end that He would destroy in us, whatever desires are opposed to His will; but also that He would form our understandings and hearts anew, govern us by His Spirit, and direct our prayers, so that our wills may be in perfect agreement with His.

# 제40장 세 번째 간구

제271문 : *아버지의 뜻이 이루어지게 하소서*라고 간구할 때 어떤 뜻으로 기도합니까?
답 : 모든 피조물이 하나님께 굴복하도록 기도합니다. 그래서 모든 피조물이 하나님이 기뻐하시는 일을 따르도록 함으로써 하나님의 뜻 외에는 그 어떤 일도 이루어질 수 없도록 기도합니다.

제272문 : 그러면 혹시 어떤 일이 하나님의 뜻과는 반대로 이루어질 수 있다고 생각합니까?
답 : 그렇게 생각하지 않습니다. 우리는 하나님께서 친히 작정하신 일이 이루어지도록 기도함은 물론 하나님을 거역하는 모든 것이 정복되고 굴복되도록 기도합니다. 그래서 하나님이 모든 피조물로 하여금 그들의 뜻을 하나님의 뜻과 일치시키는 순복을 이루도록 기도합니다.

제273문 : 그렇게 기도함으로써 우리 자신의 뜻을 포기하는 것 아닙니까?
답 : 네, 정말로 포기하는 것입니다. 우리는 하나님의 뜻을 거스르는 욕망은 무엇이든지 우리 안에서 사라지도록 기도할 뿐만 아니라, 하나님이 우리에게 새로운 정신과 마음을 주시고 성령으로 우리를 주관하셔서 우리의 기도를 이끄시기를, 그리하여 우리의 뜻이 하나님의 뜻과 완전히 일치되도록 기도하는 것입니다.

Q274 : Why do you pray that *his will may be done, on earth as it is in heaven?*

A : As the holy angels, who are His heavenly creatures, have but one purpose, to hear and obey His commands; so I pray that men may have the same disposition of obedience, and that each one may devote himself to Him in a willing subjection.

제274문 : *뜻이 하늘에서와 같이 땅에서도 이루어지게 하소서라고 기도하는 이유는 무엇입니까?*

답 : 하늘의 피조물인 거룩한 천사들이 하나님의 명령을 듣고 순종하는 것을 유일한 목적으로 삼듯이 사람들도 그와 같은 순종의 마음을 가지고 각각 자신을 하나님께 드림으로써 기꺼이 순종할 수 있도록 기도합니다.

# 41. The Fourth Petition

**Q275** : Let us now proceed to the second division: What do you understand by the *daily bread* which you ask?

**A** : In general, whatever conduces to the preservation of this present life; not only food and raiment, but all those supports, by which the necessities of the body are supplied: and that we may eat our daily bread in quietness, as far as God shall judge to be expedient.

**Q276** : Why do you ask this to be given you of God, since He commands you to provide it by your own labour?

**A** : Although we must labour and sweat, for the purpose of preparing our daily food, yet we are not sustained by our labour, industry, and care; but by the blessing of God alone, by which the labour of our hands is prospered, which otherwise would be in vain. Besides, it is to be considered that although He supplies abundance of food to our hands, and we feed upon it, yet we are not supported by its substance, but by the power of God alone. For these things have originally no virtue of this kind in themselves, but their efficacy is of God, who from heaven administers it, through these as the organs of His bounty (Deuteronomy 8:3, Matthew 4:4).

## 제41장 네 번째 간구

제275문 : 두 번째 부분으로 넘어갑시다. 우리가 구하는 *일용할 양식*은 무엇을 뜻합니까?
답 : 일반적으로 말하면, 현재의 삶을 유지하는 데 도움을 주는 모든 것을 뜻합니다. 즉, 음식과 의복뿐만 아니라 우리 몸에 필요한 모든 생계 수단을 뜻합니다. 또한 하나님이 우리에게 유용하다고 판단하시기 때문에 우리가 날마다 평화롭게 양식을 먹을 수 있는 것입니다.

제276문 : 하나님은 우리 스스로 일해서 양식을 얻으라고 명령하시는데 왜 양식을 얻기 위해 하나님께 기도합니까?
답 : 우리가 일용할 양식을 준비할 목적으로 땀 흘려 일해야 한다 할지라도, 우리가 살아갈 수 있도록 지탱해주는 것은 우리의 노동과 부지런함과 노력이 아니라 오직 하나님의 축복입니다. 하나님의 축복을 통해 우리의 수고가 열매를 맺는 것이지, 그렇지 않고서는 헛된 일이 되고 말 것입니다. 게다가 하나님이 아무리 풍부한 양식을 우리에게 주시고 우리가 그 양식을 먹는다 할지라도 그 양식이라는 물질을 통해 생명을 유지하는 것이 아니라 오직 하나님의 능력을 통해서 유지된다는 것입니다. 왜냐하면 이러한 물질 자체가 본질적으로 어떤 힘을 가지고 있는 것이 아니라 하나님의 너그러움을 드러내는 도구로 사용됨으로써 하늘에서부터 주어져 우리에게 전달되는 하나님의 능력이기 때문입니다(신명기 8:3, 마태복음 4:4).

Q277 : But by what rule do you call it *your breads* since you request it to be given you of God?

A : Truly, because it is made ours by the kindness of God, as it is by no means due to us. We are also admonished by this word, to refrain from seeking for ourselves, the bread of any other person; and to be contented with whatever comes to us, in a lawful way, as though it came to us immediately from the hand of God.

Q278 : Why do you add, *daily* and *this day?*

A : By these two particulars, we are instructed to use moderation and temperance lest our desires exceed the measure of our necessity.

제277문 : 우리가 기도해서 하나님으로부터 받는 양식을 왜 *우리의 양식*이라고 부릅니까?

답 : 당연히 그렇게 부르는 것은, 비록 우리의 소유가 결코 아니라 할지라도 하나님의 자비로 인해 우리의 양식이 되기 때문입니다. 우리가 이 말을 통해 교훈을 받는 것은 다른 사람의 양식을 내 것으로 삼으려는 일을 하지 말고 하나님이 우리에게 직접 공급해 주시는 것과 같이 정당한 방법으로 우리에게 주어지는 양식에 만족하라는 것입니다.

제278문 : *날마다*와 *오늘*이라는 말을 덧붙이는 이유는 무엇입니까?

답 : 이 두 개의 특별한 단어들을 통해서 우리의 욕구가 필요한 양보다 앞서지 않도록 적당히 사용하고 절제할 수 있도록 교훈을 받기 위함입니다.

Q279 : But as this prayer is for the use of all persons, how can the rich, who abound in provisions laid up in their houses for a long time, ask their bread to be given them daily?

A : It is the duty of the rich and the poor alike, to hold this as settled; that none of the things, which they possess, will profit only so far as God, by his favour, shall grant them the use, and make the use itself fruitful and effectual. Therefore, in possessing all things, we have nothing, only as we hourly receive from the hand of God, what is needful and enough.

제279문 : 하지만 이 기도가 모든 사람을 위한 것이라면 오랜 기간 쓸 식량을 자신의 집에 풍부하게 쌓아 놓은 부자들 경우 어떻게 일용할 양식을 달라고 기도할 수 있겠습니까?

답 : 부자들이나 가난한 자들 모두 똑같이 그들이 가지고 있는 어떤 것이라도 사용할 수 있도록 하는 하나님의 은총에 따른 허락이 없다면, 또한 생산적이고 효과적인 사용이 불가능하도록 하신다면 그들 모두에게 별 유익이 없다는 것은 정해진 사실입니다. 그러므로 모든 것을 소유함에 있어서 매 순간 필요한 것을 충분히 하나님의 손으로부터 얻지 못한다면 우리는 아무것도 가지지 못한 것이 됩니다.

# 42. The Fifth Petition

Q280 : What do you pray for in the fifth petition?
A : *That the Lord would pardon our sins.*

Q281 : Is there no one to be found, of all men, who is so just, as not to need this forgiveness?
A : No, not one. For when Christ gave this form of prayer to His disciples, He appointed it for the whole Church. And therefore, he who would exempt himself from this petition, ought to depart from the society of believers. And we have the sure testimony of the Scriptures, that he who would contend to justify himself in one point, before God, would be found guilty of a thousand others. This one thing therefore alone remains for all, to take refuge in His mercy(Job 9:3).

Q282 : In what manner do you consider our sins to be forgiven us?
A : According to the meaning of the words of Christ; that they are debts, which hold us bound by the condemnation of eternal death, until God shall deliver us by His pure munificence.

## 제42장 다섯 번째 간구

제280문 : 다섯 번째 간구를 통해 무엇을 기도합니까?
답 : *우리 죄를 용서하여 주시고입니다.*

제281문 : 이러한 죄 용서를 필요로 하지 않을 정도로 의로운 사람은 모든 사람 중에서 아무도 없는 것입니까?
답 : 한 사람도 없습니다. 왜냐하면 그리스도가 이러한 형식의 기도를 제자들에게 주셨을 때는 교회 전체를 위해 정해 주신 것이기 때문입니다. 그러므로 죄 용서를 구하는 기도를 하지 않는 자는 신자들의 모임에서 떠나야 합니다. 또한 우리는 성경에 다음과 같은 확실한 증거가 있음을 알고 있습니다. 즉, "사람이 하나님께 변론하기를 좋아할지라도 천 마디에 한 마디도 대답하지 못하리라"(욥기 9:3). 그러므로 모든 사람에게 변함없는 진리로 남는 한 가지는 하나님의 자비를 피난처로 삼는 것입니다.

제282문 : 우리의 죄가 어떻게 용서받게 된다고 생각합니까?
답 : 그리스도가 하신 말씀의 의미에 따르면, 죄는 우리가 지고 있는 빚으로, 하나님이 당신의 순전한 은총으로써 우리를 구원하실 때까지는 우리를 영원한 사망의 저주 아래 묶여 있도록 하는 것입니다.

Q283 : You say then that we obtain the forgiveness of our sins by the abounding grace of God?

A : Entirely—For if the punishment of one sin, even the least, was to be redeemed, we could, by no means, make the satisfaction. It is necessary therefore, that all sins be gratuitously remitted and forgiven.

Q284 : What benefit do we obtain by this remission?

A : Even this; as we are made acceptable to Him, as though we were innocent and righteous; and at the same time, the confidence of His paternal benevolence is confirmed in our consciences, whence salvation is made sure to us.

Q285 : What is the condition appointed, *That he would forgive us, as we forgive our debtors?* Does it mean, that by pardoning men their offences against us, we ourselves merit pardon of God?

A : By no means; for then it would not be a gratuitous remission; nor would it be founded, as it ought, solely on the satisfaction of Christ, which He made for us on the cross. But by forgiving the injuries committed against us, we shall imitate the clemency and goodness of God, and prove by this that we are the children of God. By this rule, He would confirm us; and at the same time, on the other hand, show us that unless we are ready and willing to forgive others, we can expect nothing else from Him, but the highest

제283문 : 그렇다면 하나님의 풍성한 은혜로 우리의 죄를 용서받는다는 말입니까?

답 : 네, 전적으로 그렇습니다. 왜냐하면 우리가 지은 지극히 작은 죄라 할지라도 형벌로 속죄를 받는다면 우리는 결코 그 형벌을 갚을 만한 만족을 줄 수 없기 때문입니다. 그러므로 모든 죄는 [하나님의] 너그러움으로 사면을 받고 용서를 받아야 합니다.

제284문 : 죄를 용서받음으로써 우리가 누리는 혜택은 무엇입니까?

답 : 우리가 죄가 없고 의로운 자처럼 하나님께 받아들여지게 될 때 그와 동시에 우리 양심에는 아버지와 같은 하나님의 자비로움에 대한 확신이 분명히 주어지고 그로 인해 우리는 구원의 확신을 누리게 됩니다.

제285문 : *우리가 우리에게 잘못한 사람을 용서하여 준 것 같이 우리 죄를 용서하여 주시고라고 정한 조건은 무엇입니까? 즉, 우리에게 죄를 지은 사람들을 용서함으로써 하나님으로부터 용서를 받으려는 것은 아닙니까?*

답 : 결코 그렇지 않습니다. 왜냐하면 그렇게 되면 용서는 값없이 베푸는 것도 아니고 십자가에서 치러진 그리스도의 보상에만 근거를 두는 것도 아니기 때문입니다. 하지만 우리가 사람들로부터 상처를 입고도 그들을 용서함으로써 하나님의 너그러움과 선을 모방하게 될 것이며, 그럼으로써 하나님의 자녀라는 사실이 드러나게 될 것입니다. 이러한 기도의 원칙을 통해 하나님은 우리가 하나님의 자녀라는 사실을 확증해주십니다. 이와 동시에 다른 한편으로는 우리가 다른 사람을 용서할 준

and most inexorable rigour and severity.

Q286 : This then you say, that all those who will not, from the heart, forgive offences, are rejected of God, and excluded from the adoption of children; nor can they hope that there will be, in heaven, any forgiveness with God.

A : So I think; that the saying may be fulfilled: The same measure which any one has meted out to others, shall be measured back to him again.

비가 되어 있지 않거나 기꺼이 용서할 마음이 없으면 최고로 엄격하고 가장 혹독한 심판 외에는 하나님으로부터 그 어떤 것도 기대할 수 없음을 보여줍니다.

제286문 : 그렇다면 이 말의 의미는 죄를 진심으로 용서하지 않는 모든 사람은 하나님으로부터 거부당하고 하나님의 자녀로 입양되지 못하며, 하늘에서 하나님으로부터 용서를 받는 희망조차 가질 수 없다는 것이군요.

답 : 네, 그렇게 생각합니다. 그러므로 "너희가 헤아리는 그 헤아림으로 너희가 헤아림을 받을 것이니라"는 말씀대로 이루어질 것입니다.

# 43. The Sixth Petition

Q287 : What is the next petition?
A : *That the Lord would not lead us into temptation, but deliver us from evil.*

Q288 : Do you include the whole of this, in one petition?
A : It must be one petition; as the last clause is an explanation of the first.

Q289 : What does it summarily contain?
A : That the Lord would not permit us to fall into sin; nor leave us to be overcome by the devil, nor by the lusts of our flesh, which carry on an unceasing war with us; but that He would rather provide us with His power for resisting; sustain us by His hand, and defend and cover us with His shield; that so, under the confidence of His guardianship, we may dwell in safety.

# 제43장 여섯 번째 간구

제287문 : 다음 간구는 무엇입니까?
답 : 주께서 *우리를 시험에 빠지지 않게 하시고, 악에서 구하소서*입니다.

제288문 : 이 두 가지 내용 전체를 하나의 간구로 생각합니까?
답 : 네, 그렇습니다. 두 번째가 첫 번째를 설명하기 때문에 하나의 간구입니다.

제289문 : 이 간구가 담고 있는 요점은 무엇입니까?
답 : 주님은 우리가 죄에 빠지는 일을 허용하시지 않으며, 쉬지 않고 우리를 공격하는 사탄과 육체의 탐욕에 굴복당하도록 내버려 두시지 않는다는 사실입니다. 오히려 주님은 우리에게 저항할 수 있는 힘을 공급해 주시고, 쓰러지지 않도록 친히 붙잡아 주시며, 주님의 방패로 우리를 막아 주시고 덮어 주십니다. 그래서 주님이 우리를 보호하신다는 확신을 가지고 우리가 안전하게 살게 된다는 내용입니다.

Q290 : But how is that done?
A : When, by the influence of His Spirit, we are imbued, with such a love and desire of righteousness, that we overcome sin, the flesh, and the devil; and on the other hand, with such a hatred of sin, as separates us from the world, and retains us in holiness. For our victory is effected by the power of the Spirit.

Q291 : Have all persons need of this assistance?
A : Yes; for the devil continually watches us; and as a roaring lion goes about seeking whom he may devour. And we should at once consider how weak we are; nay, that we should be overcome at each moment, unless God prepared us for the warfare with His armour, and strengthened us by His hand.

Q292 : What is the meaning of the word temptation?
A : The cunning and deceitfulness of Satan, with which he constantly attacks us, and would with ease entirely circumvent us, unless we were assisted by the help of God. For our understandings, from their native vanity, are exposed to this wiles; and our wills, from their depraved propensity to evil, would wholly yield to him.

제290문 : 하지만 어떻게 그렇게 된다는 것입니까?

답 : 성령의 인도하심을 받아 우리가 사랑과 의에 대한 열망으로 충만하게 되면 죄와 육체와 사탄을 이기게 됩니다. 또한 다른 한편으로는 죄를 증오함으로써 세상과 분리되어 거룩한 삶을 살게 됩니다. 우리는 성령의 능력을 힘입어 승리하게 됩니다.

제291문 : 모든 사람이 이러한 도움을 필요로 합니까?

답 : 네, 그렇습니다. 왜냐하면 으르렁거리는 사자가 잡아먹을 대상을 찾아 헤매듯이 사탄은 끊임없이 우리를 주시하고 있기 때문입니다. 그리고 우리는 즉시 우리 자신이 얼마나 약한지 알아야 합니다. 하나님이 우리를 무장시켜 주시지 않는다면, 하나님의 강한 손이 우리를 붙들지 않는다면 우리는 매 순간 사탄에게 지게 될 것입니다.

제292문 : 시험이라는 말의 의미는 무엇입니까?

답 : 우리를 지속적으로 공격하는 사탄의 교활함과 속임수를 뜻합니다. 우리가 하나님의 도움을 받지 않을 때 사탄은 우리를 쉽게 포위할 것입니다. 왜냐하면 우리가 본래부터 가지고 있는 자만심 때문에 우리의 생각이 사탄의 술수에 노출되고, 악을 따르는 타락한 성향으로 인해 사탄에게 쉽게 굴복하기 때문입니다.

Q293 : But why do you pray, that God would *not lead you into temptation,* since it appears to be the work of Satan, and not of God?

A : As God defends believers by His protection, that they may neither be ensnared with the wiles of Satan, nor overcome by sin; so those, whom be accounts worthy of punishment, He not only deprives of His grace, but also strikes with blindness; gives up to a reprobate mind; and delivers over to the power of Satan, that they may be entirely the servants of sin, and exposed to all the assaults of temptation.

Q294 : What is the meaning of this conclusion, *For thine is the kingdom, the power, and the glory forever?*

A : By this we are again reminded, that our prayers are more strengthened, by His power and goodness, than by any confidence of our own. Besides, we are taught to close all our prayers with the praises of God.

제293문 : 그런데 왜 하나님이 *우리를 시험에 빠지지 않게 하시고*라고 기도합니까? 시험에 빠지게 하는 일은 하나님이 아니라 사탄이 아닌가요?

답 : 신자들이 사탄의 간사한 속임수에 걸려들지도 않고 죄에 지배당하지도 않도록 하나님이 보호해주시기 때문이며, 형벌을 받게 될 불신자들에게는 하나님이 은혜를 베푸시기는커녕 눈이 멀도록 하심으로써 버림받은 정신으로 내버려 두시기 때문에 그렇게 기도하는 것입니다. 그리고 사탄의 권세에 넘김으로써 완전히 죄의 노예가 되도록 하시며, 밀려오는 시험에 빠져 속수무책이 되도록 내버려 두시는 분도 하나님입니다.

제294문 : *나라와 권능과 영광이 영원히 아버지의 것입니다*라는 결론은 무슨 뜻입니까?

답 : 기도는 우리 자신의 확신이 아니라 하나님의 권능과 선에 달려 있다는 사실을 깨닫게 해줍니다. 게다가 우리는 기도할 때 하나님을 찬양함으로써 기도를 끝마쳐야 함을 배우게 됩니다.

## 44. Prayer Pleasing to God

Q295 : Is it lawful to ask nothing of God, but what is comprehended in this formulary?

A : Although we have liberty to pray in other words, and in another manner, still however, it is to be considered, that no prayer can be pleasing to God, which is not referred to this, as the correct standard of the nature of prayer.

# 제44장 하나님이 기뻐하시는 기도

제295문 : 이 주기도문에 포함되어 있는 것 외에 다른 것을 구하지 않는 것이 옳은가요?

답 : 비록 우리가 다른 말과 다른 방식으로 자유롭게 기도할 수 있지만, 여전히 본질적인 기도에 대한 올바른 표준인 이 주기도문을 모범으로 삼지 않으면 하나님이 기뻐하시는 기도가 될 수 없음을 분명히 알아야 합니다.

# 제4부
# 하나님의 말씀에 대한 교리

The Doctrines of THE WORD OF GOD

Q296 : Now the proposed method of instruction requires of us, to treat of the fourth part, of the honour due to God.

A : We said that it consisted in this, that we acknowledge God to be the author of all good, and that we confess His goodness, justice, wisdom, and power, with praise and thanksgiving; that the fullness and glory of all blessings may abide in Him.

Q297 : What rule has He prescribed for this duty?

A : Those praises of Him, which are published in the Scriptures, should be received as a rule for us.

Q298 : Does not the Lord's prayer contain something which applies to this duty?

A : Yes, when we pray that His name may be sanctified, we desire that His glory may be manifested in all His works; that His mercy may appear in pardoning sinners, or His justice in punishing them; and His faithfulness in fulfilling His promises to His people; finally, that whatever of His works we behold, it may excite us to glorify Him. This is truly to ascribe to Him the praise of all blessings.

제296문 : 마땅한 영예의 네 번째 부분을 다루어야 할 차례입니다.
답 : 우리가 말한 것으로, 하나님이 모든 선의 주인이 된다는 사실을 인정하고, 찬양과 감사로써 하나님의 선과 정의와 지혜와 능력을 인정하며, 충만하고 영광스러운 모든 축복의 근원이 하나님이라는 사실을 고백하는 내용으로 이루어져 있습니다.

제297문 : 이러한 의무와 관련해서 어떤 규칙이 정해져 있습니까?
답 : 성경에 기록되어 있는 하나님에 대한 찬양이 바로 우리에게 주어진 규칙입니다.

제298문 : 이러한 의무가 될 만한 내용이 주기도문에 포함되어 있지 않습니까?
답 : 네, 그렇습니다. 우리가 하나님의 이름이 거룩히 여겨지기를 기도할 때 하나님이 하신 모든 일 가운데 하나님의 영광이 드러나기를 소망하게 되는 것입니다. 그러므로 죄인들을 용서하는 일에 하나님의 자비가 드러나고, 죄인들을 심판하는 일에는 하나님의 정의가 드러나며, 또한 하나님의 백성에 대한 언약을 이행하는 일에는 하나님의 신실하심이 드러나게 됩니다. 끝으로, 우리가 바라보는 하나님의 일은 그 어떤 일이라도 우리로 하여금 하나님께 영광을 돌리게 만듭니다. 이것이야말로 모든 축복에 대한 찬송을 하나님께 돌리는 것입니다.

Q299 : What shall we conclude from those things, about which we have already treated?

A : That which the truth itself teaches; and the same which I proposed at first; that this is eternal life, to know the only true God, the Father, and Jesus Christ, whom He hath sent. To know Him, I say, that we may render to Him due honour and worship not only as He is our Lord, but also our Father and Saviour; and in our turn that we are His sons and servants; and therefore that we devote our life to the celebration of His glory(John 17:3).

제299문 : 우리가 지금까지 다룬 내용에 대해서 어떤 결론을 내릴 수 있을까요?

답 : 진리 자체가 교훈하는 것이 곧 결론입니다. 즉, 맨 처음에 다루었던 영생인데, 이는 아버지인 유일한 참 하나님을 아는 것과 하나님이 보내신 예수 그리스도를 아는 것입니다. 우리가 하나님을 알기 위해서는 하나님을 우리의 주님으로뿐만 아니라 우리의 아버지요 구원자로 알고 마땅한 영예를 돌리고 예배해야 합니다. 아울러 우리는 하나님의 아들들이요 종들이기 때문에 우리의 삶을 하나님의 영광을 찬송하는 일에 기꺼이 바쳐야 합니다(요한복음 17:3).

# 45. The Word of God

**Q300** : In what way shall we arrive at so great a good?

**A** : For this end God has left us His holy word. For His spiritual doctrine is as the door by which we enter His celestial kingdom.

**Q301** : Where must we seek this word?

**A** : In the Holy Scriptures, in which it is contained.

**Q302** : How must the word be used, that we may receive fruit from it?

**A** : We must embrace it with a firm persuasion of heart, as the very truth delivered to us from heaven: we must yield ourselves teachable, and submit our understandings and wills, in obedience to it: we must love it from the heart, that being engraven on our souls, it may take deep root and produce its fruits in our lives: and when we are conformed to this rule, it will become our salvation, as it is appointed.

**Q303** : Are all these things put in our power?

**A** : Not one of them indeed. But it is of God alone, by the grace of His Holy Spirit, to effect in us all that I have mentioned.

# 제45장 하나님의 말씀

제300문 : 최고로 행복한 상태에 도달할 수 있는 방법은 무엇입니까?
　답 : 하나님이 우리에게 남겨주신 거룩한 말씀을 통해서 도달할 수 있습니다. 왜냐하면 하나님이 주신 영적 교훈은 우리가 하늘나라로 들어가는 문이기 때문입니다.

제301문 : 이 말씀을 어디에서 찾아야 합니까?
　답 : 말씀은 성경에 기록되어 있습니다.

제302문 : 그 말씀으로부터 유익을 얻기 위해서는 어떻게 사용해야 합니까?
　답 : 하늘로부터 온 확실한 진리이므로 우리는 굳은 확신으로 받아들여야 합니다. 우리는 말씀의 가르침을 받기 위해 스스로를 맡겨야 하고, 말씀에 순종하기 위해 우리의 지성과 의지를 전부 사용해야 합니다. 말씀이 우리 영혼에 새겨짐으로써 우리 삶에 뿌리가 내리고 열매가 맺도록 우리는 진심으로 말씀을 사랑해야 합니다. 그래서 우리가 이 규칙에 순응하게 될 때 약속대로 우리의 구원이 이루어지게 됩니다.

제303문 : 이 모든 일이 우리 능력 안에 주어진 것입니까?
　답 : 결코 그렇지 않습니다. 오직 하나님으로부터 나오는 것으로, 앞서 말한 모든 것이 성령의 은혜로써 우리 안에 효력이 생기는 것입니다.

Q304 : But must we not give diligence, and strive with all earnestness, by reading, hearing, and meditating, that we may profit therein?

A : Yes, truly; and each one should not only daily exercise himself in private reading; but also at the same time, with special attention, frequently hear sermons in public meetings, where the doctrine of salvation is explained.

Q305 : You say then that it is not sufficient for any one to read by himself at home; but that all must assemble together, to hear the same doctrine.

A : It Is a duty to assemble together, when the opportunity is given.

Q306 : Can you prove this to me?

A : The will of God alone ought to satisfy us, abundantly, for proof. He commended this order to His Church, not that two or three only should observe it; but that all should unitedly be subject to it. Besides, He declares this to be the only method for the edification and preservation of His Church. This therefore should be to us a holy and inviolable rule, that it is not lawful for any one to assume to himself, to be wise above his master.

제304문 : 우리는 말씀을 읽고, 듣고, 묵상함으로써 유익을 얻도록 부지런함과 열심을 가지고 노력해야 하지 않을까요?

답 : 네, 맞습니다. 우리 각 사람은 날마다 개인적으로 성경을 읽어야 하고, 또한 동시에 구원의 교리가 설명되는 공적인 집회에서 설교를 듣는 일에 특히 관심을 기울여야 합니다.

제305문 : 그러니까 누구든 개인적으로 집에서 성경을 읽는 것으로는 부족하기 때문에 함께 모여서 교리 설교를 같이 들어야 한다는 말이군요.

답 : 기회가 주어져 있을 때 함께 모이는 것은 당연한 의무입니다.

제306문 : 그렇게 말하는 증거라도 있습니까?

답 : 우리가 만족할 만한 충분한 증거는 오직 하나님의 뜻일 뿐입니다. 하나님은 교회에 명령하시기를, 두세 사람이 지키기보다는 모두가 하나 되어 순종하라고 하셨습니다. 게다가 교회에 대한 훈육과 교회의 보존을 위한 유일한 방법은 주님이 명하신 이 질서뿐임을 선언하십니다. 그러므로 이 질서는 우리에게 거룩하고도 어길 수 없는 규칙이며, 어느 누구도 주님보다 더 지혜롭다고 생각하는 것은 합당치 않은 일입니다.

Q307 : Is it then necessary that there should be pastors in the Churches?

A : Yes; and it is our duty to hear them, and to receive from their mouths, with fear and reverence, the doctrines of Christ which they publish. Those then who contemn them, or withdraw from hearing them, despise Christ, and make a division in the society of believers(Matthew 10:40).

Q308 : Is it enough for a man, to have been once instructed by his pastor; or ought this course to be pursued through life?

A : It is useless to begin, unless you persevere. For it becomes us to be the disciples of Christ even unto the end, or rather without end. And He hath committed this office to the ministers of the Church, that they should teach us in His name and stead.

제307문 : 그렇다면 교회마다 목사가 있어야 할 필요가 있습니까?

답 : 네, 당연합니다. 목사들의 설교를 듣고 그들의 입을 통해 선포되는 그리스도의 가르침을 두려움과 경외심으로 받아야 합니다. 그래서 목사들을 비난하거나 그들로부터 교훈받기를 거부하는 자들은 그리스도를 경멸하는 것이며 신자들의 모임을 분열시키는 것입니다(마태복음 10:40).

제308문 : 신자가 목사로부터 한 번만 교육을 받으면 충분합니까? 그렇지 않고 일생 동안 교육을 받아야 마땅합니까?

답 : 인내심을 가지고 계속하지 않는다면 시작한 것만으로는 별 소용이 없습니다. 왜냐하면 우리가 그리스도의 제자들이 된다는 것은 끝까지 가는 일이고, 오히려 끝이 없는 일이기 때문입니다. 또한 그리스도는 교회를 섬기는 목사들에게 이 직분을 맡기심으로써 그리스도의 이름으로 그리스도를 대신하여 우리를 가르치도록 하셨습니다.

# 제5부
# 성례에 대한 교리

The Doctrines of THE SACRAMENTS

# 46. The Sacraments

Q309 : Are there not other means, besides the word, by which God communicates Himself to us?
A : Yes, to the preaching of the word, He has added the sacraments.

Q310 : What is a sacrament?
A : It is an outward testimony of the divine benevolence towards us, which, by a visible sign, shadows forth spiritual graces, by which the promises of God are sealed in our hearts, that the truth of them may be more firmly established.

Q311 : Is there such great power in the visible sign, as to confirm our consciences in the confidence of salvation?
A : It has not indeed that efficacy of itself, but from the will of God, as it is instituted for this end.

# 제46장 성례

제309문 : 하나님이 우리와 교통하시는 방법인 말씀 외에 다른 방법은 없습니까?
답 : 있습니다. 하나님은 말씀에 대한 설교 외에 성례를 통한 방법을 더 주셨습니다.

제310문 : 성례란 무엇입니까?
답 : 성례는 눈으로 볼 수 있는 표지를 통해 우리에게 베푸시는 하나님의 자비를 겉으로 드러내는 증거인데, 이는 우리 마음에 하나님의 약속들이 새겨지고, 그 약속들에 대한 진리가 더욱 견고하게 세워질 것이라는 영적인 은혜를 제시하는 것입니다.

제311문 : 구원에 대한 확신에 있어서 우리 마음을 견고하게 해 줄 만큼 눈으로 볼 수 있는 표지에 그런 대단한 능력이 있습니까?
답 : 성례 그 자체로부터 효력이 생기는 것이 아니라 그러한 목적을 이루기 위한 하나님의 뜻으로부터 나오는 것입니다.

Q312 : Since it is the peculiar office of the Holy Spirit, to seal in our minds the promises of God, how do you attribute this to the sacraments?

A : The difference between the Spirit and these is very great. For it is truly the work of the Spirit alone to move and affect the heart, to illuminate the understanding, and to render the conscience stable and tranquil; and that work ought to be accounted wholly His own, and acceptance should be referred to Him, lest the praise be transferred elsewhere. But this by no means prevents, but that God uses the sacraments as secondary organs, and applies those things in their use as seemeth Him good; and He so does it, that nothing is derogated from the power of the Spirit.

Q313 : You believe then, that the power and efficacy of the sacrament, do not consist in the external element, but that they proceed solely from the Spirit of God?

A : So I think. And truly it pleases the Lord to put forth His power, through His own institutions, for that end, for which He appointed them; and He does this in a manner, which detracts nothing from the power of his Spirit.

제312문 : 우리 마음에 하나님의 약속들이 새겨지도록 하는 것은 성령께서만 하시는 특별한 일인데, 어떻게 이 일이 성례에 속한다는 것입니까?

답 : 성령과 성례에는 큰 차이가 있습니다. 왜냐하면 마음을 움직이고 마음에 영향을 미쳐서 이해를 돕고 양심이 안정과 평온을 유지하도록 하는 것은 오로지 성령이 하시는 일이며, 당연히 이 일은 전적으로 성령의 일로 인정되어야 하고, 성령이 하시는 일에 대한 찬양을 성령이 받으시도록 함으로써 찬양이 다른 대상에게 주어지지 않도록 해야 합니다. 그러나 하나님이 성례를 이차적인 수단으로 정하셔서 하나님이 보시기에 좋도록 사용하십니다. 그렇다고 해서 성령의 능력이 무시되지는 않기 때문에 결코 성례를 막아서는 안 될 일입니다.

제313문 : 그러니까 성례의 능력과 효력이 외적인 요소에 있는 것이 아니라 오직 하나님의 영으로부터 나온다고 믿고 있군요.

답 : 네, 그렇게 생각합니다. 그러한 목적을 위해 하나님이 정하신 수단을 통해 하나님의 능력을 드러내는 것은 하나님이 기뻐하시는 일입니다. 그리고 하나님이 그러한 방법으로 일하신다고 해서 성령의 능력이 감소하는 것은 아닙니다.

Q314 : Can you give me a reason why He operates in this way?

A : Truly, in this manner, He consults our infirmity. If we were wholly spiritual, like the angels, then we should be able spiritually to discern both Him and His graces: but as we are enclosed in this earthly body, we need figures or glasses, which, in some sensible manner, may exhibit the spiritual aspect of heavenly things; which otherwise we should not be able to discern. At the same time, it is for our benefit that all our senses be exercised on the promises of God, that they may be more strongly confirmed to us.

제314문 : 하나님이 그러한 방식으로 일하시는 이유를 하나만 말할 수 있습니까?

답 : 하나님이 우리의 연약함을 살펴서 그렇게 하신 것입니다. 우리가 천사들처럼 완전한 영적 존재라면 하나님과 하나님의 은혜에 대해 영적으로 식별할 수 있는 능력이 있을 것입니다. 그러나 우리는 흙으로 된 육체 속에 존재하기 때문에 다른 방법으로는 알 수 없는 천상의 것들에 대한 영적인 면을 감지해서 보여줄 수 있는 수단인 상징이나 거울이 필요합니다. 동시에 하나님의 약속들을 깨달을 수 있도록 우리의 모든 감각이 발휘되어 우리가 그 약속들에 대해 더욱 강한 확신을 가지게 되는 것은 우리가 누리는 혜택입니다.

# 47. The Purpose of the Sacraments

Q315 : If it is true, that the sacraments were instituted of God, to be helps of our infirmities, must not those be justly condemned of arrogance, who judge themselves to be sufficient without them, or who account them useless?

A : Most certainly. And therefore, if any one abstain wilfully from the use of them, as if he had no need of them, he despises Christ, spurns at His grace, and extinguishes the Spirit.

Q316 : But what confidence or real security, for confirming our consciences, can be derived from the sacraments, which are used promiscuously by the good and the bad?

A : Although the gifts of God are, in the sacraments, offered to the wicked, yet they reduce them to nothing, as I may say, in so far as it respects themselves; still however, they do not destroy the nature and power which the sacraments have in themselves.

## 제47장 성례의 목적

제315문 : 우리의 연약함을 돕기 위해 하나님이 성례를 제정하신 것이 사실이라면, 성례가 없어도 충분하다거나 성례가 아예 필요 없다고 판단하는 사람들은 교만으로 정죄를 받아야 마땅하지 않습니까?

답 : 정말로 그렇습니다. 그러므로 어떤 사람이 성례가 전혀 필요 없다고 의도적으로 성례를 금지한다면, 이는 그리스도를 경멸하고 그리스도의 은혜를 거절하고 성령을 소멸하는 것입니다.

제316문 : 선한 사람들이든 악한 사람들이든 구별 없이 성례를 받는데, 우리의 양심을 견고하게 해주는 성례를 통해 누리게 되는 확신 또는 진정한 평안은 도대체 어떤 것입니까?

답 : 비록 성례를 통해 악한 자들에게도 하나님의 은혜가 전달된다 하더라도 악한 자들의 입장에서는 하나님의 은혜를 아무것도 아닌 것으로 만들어 버린다고 말할 수 있습니다. 하지만 그럼에도 확신이나 평안을 가져다주는 성례의 본질과 능력은 결코 없어지지 않습니다.

Q317 : How and when does the effect follow the use of the sacraments?

A : When we receive them by faith, seeking, in them, only Christ and His grace.

Q318 : Why do you say that Christ is to be sought in them?

A : I do not understand, that He is inherent in the visible signs, so that we should seek salvation from them, or imagine any power of conferring grace to be affixed to them, or shut up in them. But the sign is rather to be considered as a help, by which we are directly conducted to Christ, seeking from Him salvation and every durable blessing.

Q319 : As faith is required, for the right use of the sacraments, how do you say, that they are given to us for the confirmation of faith, that they may render us more certain of the promises of God?

A : It is by no means sufficient, that faith be once begun in us, unless it be continually nourished and increased daily, more and more. For this end the Lord instituted the sacraments, to nourish, strengthen, and increased our faith. And this Paul teaches, when he says that these avail for sealing the promises of God(Romans 4:11).

제317문 : 성례를 행함으로써 따라오는 효과는 언제 어떻게 나타납니까?

　답 : 우리가 오직 그리스도와 그리스도의 은혜를 구하면서 믿음으로 성례를 받아들일 때입니다.

제318문 : 성례를 통해서 그리스도를 찾아야 한다고 말하는 이유는 무엇입니까?

　답 : 우리는 눈에 보이는 표지 안에 그리스도가 계시기 때문에 우리가 성례 안에서 구원을 찾아야 한다는 식으로 이해하지 않습니다. 또는 성례 안에 은혜를 나누어 주는 어떤 능력이 고정되어 있거나 포함되어 있다는 상상도 하지 않습니다. 그러나 성례라고 하는 그 표지는 오히려 우리를 곧장 그리스도께로 안내하는 역할을 함으로써 우리가 그리스도로부터 구원을 찾고 모든 행복을 추구하도록 도와주기 때문입니다.

제319문 : 성례의 올바른 사용을 위해 믿음이 요구되는 것이라면, 믿음을 견고하게 해주도록 성례가 우리에게 주어지고, 이 성례가 우리로 하여금 하나님의 언약을 더욱 확신하도록 해주는 것이라고 말해도 되는 것입니까?

　답 : 우리 믿음이 지속적으로 성장하지 않고 나날이 더욱더 커지지 않는다면 우리 안에 이제 막 시작된 믿음으로는 결코 충분하지 않습니다. 주님은 우리의 믿음을 위해 성례를 제정하셨고, 이 성례를 통해 믿음이 성장하고 강해지고 커지도록 하십니다. 그리고 바울은 하나님의 약속들이 성례를 통해 봉인된다고 말함으로써 그러한 사실을 가르칩니다(로마서 4:11).

Q320 : But is it not a proof of unbelief, if we have not an established faith in the promises of God, unless they are confirmed to us by other means?

A : This surely argues the weakness of faith, under which the children of God labour; who still, on that account, do not cease to be believers, although as yet they are endowed with small and imperfect faith. For as long as we are conversant in this world, the remains of distrust always adhere to our flesh, which we are no otherwise able to shake off, than by continually making progress to the end of life. It is the duty of every one therefore to make farther progress in faith.

제320문 : 그러나 다른 수단을 통해 우리가 확신하지 못하면 하나님의 약속들에 대한 인정받을 만한 믿음도 아니라는 것은 불신앙의 증거가 아닙니까?

답 : 그것은 분명히 믿음이 연약하기 때문이며, 그로 인해 하나님의 자녀들이 힘든 삶을 살아가는 것입니다. 그러나 하나님의 자녀들이 적고 불완전한 믿음을 부여받았다고 할지라도 그런 이유 때문에 신자로서의 자격을 잃어버리지는 않습니다. 우리가 이 세상과 친숙한 상태로 있는 한 불신앙의 잔재들이 우리 육체에 남아 있기 때문에 우리 인생의 마지막까지 지속적으로 믿음의 진보를 이루어가는 것 외에는 불신의 잔재들을 떨쳐버릴 수 있는 다른 방법이 전혀 없습니다. 그러므로 우리가 마땅히 힘써야 할 일은 믿음에 있어서 더욱 성장하는 것입니다.

# 48. The Two Sacraments

Q321 : How many sacraments are there in the Christian Church?

A : Two only; the use of which is common among all believers.

Q322 : Which are they?

A : Baptism and the Holy Supper.

Q323 : What is the resemblance or difference between them?

A : Baptism is the appropriate way of entrance into the Church. For in this we have the testimony, that we who were before strangers and foreigners are received into the family of God, and numbered among His household. But the Supper witnesses that God, by nourishing our souls, shows Himself a Father to us.

# 제48장 두 가지 성례

제321문 : 교회에서 행하는 성례는 몇 가지가 있습니까?
답 : 모든 신자가 행하는 성례는 두 가지입니다.

제322문 : 그 두 가지는 어떤 것입니까?
답 : 세례와 성찬입니다.

제323문 : 이 두 가지의 비슷한 점과 차이점은 무엇입니까?
답 : 세례는 교회에 속하게 되는 적절한 수단입니다. 전에는 나그네요, 이방인이었으나 우리가 세례를 통해서 하나님의 가족으로 받아들여지고 하나님의 집에 속하는 식구로 인정받는 증거를 가지게 됩니다. 그러나 성찬은 하나님이 우리 영혼에 양식을 공급하심으로써 하나님이 우리에게 친히 아버지로 나타내신다는 사실을 증거합니다.

# 49. Baptism

Q324 : That the nature of each may more distinctly appear, let us treat them separately. First, what is the signification of Baptism?

A : It has two parts: First, it represents the forgiveness of sins: Secondly, the regeneration of the soul(Ephesians 5:26, Romans 6:4).

Q325 : What resemblance has water with these things, that it should represent them?

A : Forgiveness of sins is indeed a species of washing, by which souls are cleansed from their defilement, even as the filth of the body is washed off with water.

Q326 : But how does water represent regeneration?

A : In as much as the beginning of regeneration is the mortification of our nature, and its end, our becoming new creatures so, by putting water on the head, the figure of death is represented; and as we do not remain buried in the water, but enter it only for a moment, and come forth immediately as from a sepulchre, a resurrection to newness of life is typified.

# 제49장 세례

제324문 : 두 가지 성례 각각의 본질을 훨씬 명확히 할 수 있도록 하나씩 알아봅시다. 먼저 세례가 뜻하는 것은 무엇입니까?

답 : 세례는 두 가지 의미를 가지고 있습니다. 첫째는 죄의 용서를 상징하고, 둘째는 영적인 거듭남을 상징합니다 (에베소서 5:26, 로마서 6:4).

제325문 : 물이 이 두 가지를 상징하기 위해서 어떤 비슷한 점을 가지고 있습니까?

답 : 죄를 용서하는 것은 일종의 씻어내는 일인데 우리 몸의 더러운 것이 물로 씻어지는 것처럼 더러워진 우리 영혼이 용서로써 깨끗해진다는 점입니다.

제326문 : 그런데 물이 어떻게 거듭남을 상징합니까?

답 : 거듭남의 시작은 우리의 본성을 죽이는 것이요, 그 끝은 우리가 새로운 피조물이 되는 것이므로 머리에 물이 부어짐으로써 죽음이 상징적으로 제시되고, 우리가 물에 잠겨 있지 않고 단지 잠시 들어가 있다가 즉시 떠오르는 것처럼 우리가 새로운 생명으로 다시 살아났다는 것을 상징적으로 보여줍니다.

**Q327** : Do you suppose the water is the laver of the soul?

**A** : By no means. It is unlawful to wrest this honour from the blood of Christ, which was shed for this end, that we being cleansed from all our spots, he might present us pure and undefiled before God. And we indeed receive the fruit of this cleansing, when the Holy Spirit sprinkles our consciences with his sacred blood. But we have the seal of this cleansing in the sacrament(1 Peter 1:19, 1 John 1:7).

**Q328** : Do you attribute any thing to the water, only as it is a figure of cleansing?

**A** : I consider it to be a figure, but at the same time, it has the substance connected with it. For God, in promising us His gifts, does not deceive us. Therefore, as forgiveness of sins and newness of life are offered to us in baptism, so it is certain that they are received by us.

**Q329** : Has this grace its effect, promiscuously upon all?

**A** : Many indeed close up the way to it, by their corruption, and make it a vain thing to themselves; so that believers only are partakers of this fruit; but that diminishes nothing from the nature of the sacrament.

제327문 : 물이 영혼을 씻는 놋대야와 같은 것이라고 생각합니까?
답 : 결코 그렇지 않습니다. 그리스도의 피에 돌려져야 할 영광의 의미를 왜곡하는 것은 불의한 일입니다. 우리의 더러움을 깨끗이 씻어주는 피를 흘리심으로써 그리스도는 우리를 하나님 앞에 순결하고 흠이 없는 모습으로 서게 하십니다. 그래서 성령이 우리 양심에 거룩한 피를 뿌려 주실 때 우리는 정말로 죄 씻음의 결실을 얻게 됩니다. 그러나 우리는 성례를 통해서 이러한 죄 씻음에 대한 확신을 얻게 됩니다(베드로전서 19:1, 요한일서 1:7).

제328문 : 세례의 물을 단순히 씻는 것에 대한 상징으로 생각합니까?
답 : 상징이라고 생각하지만 동시에 실체와 결합된 상징입니다. 왜냐하면 하나님은 우리에게 선물을 주실 때 거짓 약속을 하시지 않기 때문입니다. 그러므로 세례를 통해서 우리에게 죄 용서와 새로운 삶이 주어진다고 약속되듯이 우리가 그 약속을 받는 것은 확실합니다.

제329문 : 이러한 은혜는 모든 사람에게 차별 없이 주어지는 것입니까?
답 : 많은 사람이 타락으로 인해 은혜를 누리는 길이 막힘으로써 그들 스스로 은혜를 헛되게 합니다. 그래서 오직 신자들만 은혜를 누리게 됩니다. 하지만 성례의 본질은 결코 영향받지 않습니다.

Q330 : Whence have we regeneration?

A : Both from the death and resurrection of Christ. For this power is in His death, that by it our old man is crucified, and the corruption of our nature is, in a manner, buried, so that it no more prevails in us; but it is the benefit of the resurrection, that we are begotten unto a new life, to the obedience of the righteousness of God.

Q331 : How are these benefits conferred on us by baptism?

A : As by this we are clothed with Christ, and endowed with His Spirit, unless by rejecting the promises, we render the benefits offered therein to us unfruitful.

Q332 : What must we do, in order to use baptism in a right manner?

A : The right use of baptism is placed in faith and repentance; that is, that we first determine, by a sure confidence of soul, that we are cleansed from all spots by the blood of Christ, and are acceptable to God: then that we believe that His Spirit dwells in us; and that we make this manifest by our works among others; and also that we assiduously exercise ourselves in striving for the mortification of the flesh, and obedience to the will of God.

제330문 : 우리의 거듭남은 어디에서 얻게 됩니까?
답 : 그리스도의 죽음과 부활로부터 얻게 됩니다. 우리를 거듭나게 하는 능력은 그리스도의 죽음에서 비롯되는데, 그의 죽음을 통해 우리의 옛 사람이 십자가에 못 박히고 타락한 본성은 우리를 더 이상 지배하지 못하도록 매장되기 때문입니다. 또 한편으로는, 하나님의 의에 순종하는 새로운 삶을 부활의 은총으로 누리게 되기 때문입니다.

제331문 : 세례를 통해 주어지는 이러한 은총을 우리가 어떻게 받게 됩니까?
답 : 하나님의 약속을 거부함으로써 우리에게 주어진 은총을 헛되게 하지 않는다면 세례를 통해 우리가 그리스도로 옷 입게 되고 그리스도의 영이 우리에게 임하게 됨으로써 받게 됩니다.

제332문 : 세례를 올바르게 사용하기 위해서는 무엇을 해야 합니까?
답 : 세례에 대한 올바른 사용은 믿음과 회개에 달려 있습니다. 다시 말하자면, 그리스도의 피로 말미암아 모든 흠이 깨끗하게 제거되어 우리가 하나님 앞에 인정받게 되었다는 사실을 확실히 믿어야 합니다. 그런 다음 우리 안에 하나님의 영이 거하심을 믿고 다른 사람들 가운데서 믿음의 삶을 드러내야 합니다. 아울러 죄 죽임을 위한 부단한 노력과 하나님의 뜻에 순종하는 삶이 필요합니다.

# 50. Infant Baptism

Q333 : If these things are required for the legitimate use of baptism, how comes it to pass that we baptize infants?

A : It is not necessary, that faith and repentance always precede baptism. These are required only of those who from age are capable of both. It is sufficient, if infants, after they come of age, produce the fruits of their baptism.

Q334 : Can you prove to me that there is nothing unreasonable in this?

A : Truly, I can, if it is conceded to me, that our Lord instituted nothing which is unreasonable. For although Moses and all the prophets teach, that circumcision was the sign of repentance, and Paul that it was the seal of the righteousness of faith; yet, we see, that infants were not excluded from it(Deuteronomy 30:6, Jeremiah 4:4, Romans 4:11).

# 제50장 유아세례

제333문 : 세례를 적합하게 사용하기 위해서 그러한 믿음과 회개의 삶이 요구된다면 유아세례는 어떻게 가능한 일이 됩니까?

답 : 세례를 받기 전에 믿음과 회개가 항상 있어야 된다는 것은 아닙니다. 믿음과 회개는 둘 다 가능한 나이가 된 신자들에게만 요구되는 것입니다. 다만 유아들이 세례를 받은 후 어른이 되어서 세례에 합당한 열매를 맺는다면 충분히 적합한 세례가 되는 것입니다.

제334문 : 이 점에 있어서 모순이 없다는 것을 증명할 수 있습니까?

답 : 네, 할 수 있습니다. 하나님께서 모순되는 것을 제정하시지 않았다는 사실이 받아들여지면 가능한 일입니다. 왜냐하면 모세와 모든 선지자가 할례는 회개의 표지임을 가르치고, 바울도 할례를 믿음으로 된 의를 인친 것이라고 가르치기 때문입니다. 그러므로 유아가 세례에서 제외되지 않는다는 것을 알게 됩니다(신명기 30:6, 예레미야 4:4, 로마서 4:11).

Q335 : But are infants admitted to baptism now, for the same reason that they were then admitted to circumcision?
A : Entirely the same. For the promises, which God gave to the people of Israel, are now published through the whole world.

Q336 : Do you conclude from this that the sign is also to be used?
A : He who well examines the subject on both sides, will observe that this is the consequence. For Christ has not made us partakers of His grace, which was before given to Israel, by a measure, which should be to us either more obscure, or in any part diminished; but He has rather poured forth His grace upon us, in a more clear and abundant manner.

Q337 : Do you think, that if infants were excluded from baptism, they would, on that account, so lose any of the favour of God, as that it might be said, that their privileges were diminished by the coming of Christ?
A : That is indeed evidently manifest. For the sign being taken away, which availed so much in testifying the mercy, and confirming the promises of God; we should be deprived of that most excellent consolation, which the Church from the beginning enjoyed.

제335문 : 예전에 유아들이 할례를 받았던 것과 같이 이제는 유아들이 세례를 받게 된다는 것입니까?

답 : 네, 확실히 그렇습니다. 왜냐하면 이스라엘 백성에게 주셨던 하나님의 약속이 이제는 모든 세계에 전해지기 때문입니다.

제336문 : 그렇다면 이 점으로부터 우리가 표지를 사용해도 된다는 결론을 내리는 것입니까?

답 : 할례와 세례라는 두 주제를 잘 조사해 보면 다음과 같은 결론을 내리게 될 것입니다. 이전에 이스라엘 백성에게 율법을 지키는 어떤 수준에 따라 은혜가 주어진 것처럼 그리스도는 우리에게 은혜를 그와 같이 누리게 하시지 않습니다. 그렇게 되면 은혜를 누리는 것이 불분명해지거나 어떤 부분에서는 줄어들기 때문입니다. 오히려 그리스도는 은혜를 분명하고도 풍부하게 우리에게 부어 주셨습니다.

제337문 : 만약 유아들이 세례에서 제외된다면 그런 이유로 하나님의 은혜를 누리게 되지 못하므로, 그리스도가 오심으로써 그들의 특권이 줄어들었다고 말할 수 있을 것이라 생각합니까?

답 : 정말로 그렇다고 분명히 말할 수 있습니다. 하나님의 자비를 증언하고 하나님의 약속을 확증하는 데 반드시 필요했던 표지인 유아세례가 없어지는 것은 교회가 처음부터 누려왔던 최고의 위로를 빼앗기는 것이라 할 수 있습니다.

Q338 : This is your opinion then; for as much as God, under the Old Testament, that He might show Himself to be the Father of little children, commanded the promise of salvation to be engraven on their bodies, by a visible sign; that it would be a reproach, if believers, after the coming of Christ, should have a less confirmation; when the same promise, which was formerly given to the Fathers, is ordained for us in these days, when God exhibits to us in Christ a clearer manifestation of His goodness?

A : So I think. Besides, as it is sufficiently evident, that the power and substance (so to speak) of baptism, are common to infants, then if the sign is denied them, which is inferior to the substance, a manifest injury will be done them.

Q339 : For what purpose then are infants baptized?

A : That they may have the visible seal, that they are the heirs of the blessings promised to the seed of believers; and that after they come to years of discretion, the substance of their baptism being acknowledged, they may, from it, receive and bring forth fruit.

제338문 : 그렇다면 구약에서는 하나님께서 어린 자녀들의 아버지라는 사실을 보여주시기 위해 자녀들의 몸에 눈으로 볼 수 있도록 구원에 대한 약속의 표시를 하라고 명하셨듯이, 그리스도가 오신 후 예전에 주어진 것과 똑같은 약속이 오늘날 우리에게 주어지고, 하나님이 그리스도 안에서 우리를 향한 선을 더욱 분명하게 나타내주시는데도 신자들의 확신이 더 약한 것은 책망받을 일이라는 생각이죠?

답 : 네, 그렇습니다. 게다가 유아들에게도 (이른바) 세례의 능력과 실체가 똑같이 주어진다는 사실이 충분히 드러나기 때문에 실체보다 덜한 표지를 거부한다면 유아들에게 명백한 해를 끼치는 것이라 생각합니다.

제339문 : 그러면 유아들은 어떤 목적으로 세례를 받습니까?

답 : 유아들이 신자들의 후손에게 약속된 축복의 상속자라는 사실을 보여주는 표시를 지니도록, 또한 신중하게 판단할 수 있는 나이에 이르러 유아세례의 본질을 인정하고 그 세례로부터 혜택을 받고 세례의 결실을 보도록 받습니다.

# 51. The Lord's Supper

Q340 : Let us proceed to the Supper; and in the first place, I would know of you what is its signification?

A : It was instituted by Christ, that by the communion of His body and blood, He might nourish our souls in the hope, and give us assurance of eternal life.

Q341 : Why is the body of our Lord represented by bread and the blood by wine?

A : We are taught by this, that as bread has the power of nourishing our bodies, and of sustaining the present life; so the same power is in the body of our Lord for the spiritual nourishment of our souls: and as with wine the hearts of men are cheered, their powers renewed, and the whole body strengthened, so from the blood of Christ, the same benefits are to be received by our souls.

## 제51장 성찬

제340문 : 성찬으로 넘어갑시다. 먼저 성찬의 의미는 무엇입니까?
　답 : 성찬은 그리스도가 제정하신 것으로 그리스도의 몸과 피를 우리에게 나눔으로써 소망 안에서 우리 영혼을 양육하는 것이며, 영생에 대한 확신을 주는 것입니다.

제341문 : 왜 우리 주님의 몸을 떡으로 상징하고 피를 포도주로 상징합니까?
　답 : 다음과 같이 가르침을 받기 때문입니다. 즉, 떡이 우리 몸에 영양분을 공급하여 현재의 생명을 유지해 주는 효력이 있듯이 주님의 몸에는 우리 영혼에 영적인 성장을 주는 동일한 효력이 있습니다. 마찬가지로 포도주가 사람의 마음을 기쁘게 하고 새롭게 하며 몸 전체를 강하게 해 주듯이 그리스도의 피를 통해 우리 영혼도 같은 혜택을 누리게 됩니다.

Q342 : Are we then fed by the body and blood of the Lord?
A : So I think. For as in this is placed our whole confidence of salvation, that the obedience which He has rendered to the Father should be imputed to us, and accounted as ours, so it is necessary that He should be received by us; for we are not otherwise made partakers of His benefits, but only as He makes Himself ours.

Q343 : But did He not then give Himself to us, when He offered Himself to death, that He might reconcile us, redeemed from the sentence of death, to the Father?
A : That is indeed true; but it is not sufficient for us, unless we now receive Him, that we may partake of the fruit and efficacy of His death.

Q344 : Does not the manner of our receiving Christ consist then in faith?
A : Yes, but I add this, that it be done, while we not only believe that He died to deliver us from death, and rose again to procure life for us; but also that we acknowledge that He dwells in us; and that we are united to Him, by that kind of union, by which the members are united to the head, so that, by the privilege of this union, we may be made partakers of all His benefits.

제342문 : 그러면 우리가 주님의 몸과 피를 먹고 마신다는 건가요?
답 : 네, 그렇게 생각합니다. 구원에 대한 우리의 전적인 확신은, 우리에게 전가되고 우리의 순종으로 여겨지는 하나님께 대한 우리 주님의 순종에 근거하듯이 우리는 반드시 주님의 몸과 피를 받아야 합니다. 오로지 주님이 우리에게 자신을 주시지 않고서는 다른 방법으로 우리가 주님의 복을 받아 누리는 일에 참여할 수 없기 때문입니다.

제343문 : 그러나 주님께서 우리를 하나님과 화해시키기 위하여 자신을 죽음에 내어 주심으로써 우리를 사망의 형벌에서 구원하신 바로 그때에 주님 자신을 우리에게 주신 것 아닙니까?
답 : 네, 정말로 그렇습니다. 하지만 그것으로 충분하지 않습니다. 우리는 주님의 죽음으로 말미암은 혜택과 효력이 우리 것이 되도록 주님을 받아들여야 합니다.

제344문 : 그렇다면 우리가 그리스도를 받아들이는 방법이 믿음에 있지 않다는 것입니까?
답 : 그렇지 않습니다. 믿음에 있는 것은 맞지만 그리스도를 받아들이는 것(성찬)은 그리스도가 우리를 영원한 사망에서 구원하시기 위해 죽으셨고 우리에게 생명을 주시기 위해 다시 살아나셨다는 사실을 믿고, 그리스도가 우리 안에 거하시고 우리가 그리스도와 연합됨으로써 그 연합으로 말미암아 그리스도의 머리에 속한 지체가 된다는 것과 그러한 연합의 특권으로 인해 우리가 그리스도의 모든 혜택을 함께 나누게 된다는 사실을 인정하는 것입니다.

# 52. The Bread & the Wine

**Q345** : Do we obtain this communion through the Supper only?

**A** : By no means. For by the gospel, as Paul testifies, Christ is communicated to us, as we are therein taught, that we are flesh of His flesh, and bone of His bone; that He is the living bread, which came down from heaven to nourish our souls; that we are one with Him, even as He is one with the Father: and such like things(1 Corinthians 1:6, Ephesians 5:30, John 6:51; 17:21).

**Q346** : What other benefit does the sacrament confer on us?

**A** : This—That the communion which I mentioned is strengthened and confirmed to us. For although both in baptism and the gospel, Christ is offered to us; yet in these we receive Him, only in part.

**Q347** : What have we then in the symbol of the bread?

**A** : The body of Christ: that as He was once offered a sacrifice for us, to reconcile us to God, so now He is to be given to us, that we may assuredly know that reconciliation belongs to us.

# 제52장 떡과 포도주

제345문 : 오직 성찬을 통해서만 이러한 교제를 누리게 됩니까?
답 : 반드시 그렇지는 않습니다. 바울이 증언하듯이 그리스도는 복음으로 우리와 교제하시고 또한 복음으로 우리를 교훈하십니다. 그래서 우리는 그리스도 살 중의 살이요 뼈 중의 뼈라는 사실과 그리스도는 우리 영혼을 살리기 위해 하늘로부터 내려오신 살아 있는 떡이라는 사실을 알게 됩니다. 또한 그리스도가 아버지와 하나인 것 같이 우리도 그와 같이 주님과 하나라는 사실을 알게 됩니다(고린도전서 1:6, 에베소서 5:30, 요한복음 6:51; 17:21).

제346문 : 성찬이 우리에게 주는 다른 혜택은 무엇입니까?
답 : 성찬을 통해서 앞서 말한 그리스도와의 교제가 강하고 견고해집니다. 왜냐하면 비록 세례와 복음을 통해서 우리가 그리스도를 받아들이게 되지만 아직 우리는 그리스도를 부분적으로만 받게 되는 것이기 때문입니다.

제347문 : 그러면 떡이 상징하는 것은 무엇입니까?
답 : 그리스도의 몸입니다. 우리를 하나님과 화해할 수 있도록 그리스도가 우리를 위한 희생 제물로 한 번 드려진 것처럼 이제는 그 화해가 우리의 것이 되었다는 사실을 확실히 알도록 그리스도가 우리에게 주어진다는 것입니다.

Q348 : What have we in the symbol of the wine?

A : As Christ poured out His blood once, in satisfaction for sins, and as the price of our redemption; so we believe, that it is now reached out to be drank by us, that we may receive its benefits.

Q349 : According to these two answers, the Holy Supper of the Lord calls us back to His death, that we may partake of its efficacy?

A : Yes, wholly. For at that time, one only and perpetual sacrifice was perfected; which might suffice for our salvation. Therefore nothing more remains for us, but to receive its fruits.

Q350 : Was not the Supper then instituted for this end, that we should offer to God, the body of His Son?

A : By no means. For the prerogative of offering for sins belongs to Christ alone, as He is the eternal Priest. And this is the meaning of His Word when He says, "Take and eat." He does not here command us to offer His body but only that we should feed upon it(Hebrews 5:10, Matthew 26:29).

제348문 : 포도주가 상징하는 것은 무엇입니까?

답 : 그리스도가 우리를 구원하기 위한 속전으로써, 죄에 대한 대가를 충족시키기 위해 단번에 그의 피를 흘리셨듯이 이제는 우리가 그리스도의 피를 마실 수 있도록 우리에게 전달됨으로써 그에 따른 혜택을 누리게 된다는 것입니다.

제349문 : 떡과 포도주에 대한 두 가지 답에 따르면, 주님의 거룩한 성찬이 우리를 주님의 죽음으로 향하도록 해서 우리로 하여금 죽음으로부터 오는 효력을 누리게 하는 것입니까?

답 : 네, 전적으로 그렇습니다. 왜냐하면 그때에 우리를 구원하기에 충분한 희생 제물이 오직 한 번에, 그러면서도 영원히 드려졌기 때문입니다. 그러므로 우리에게 남아 있는 일은 그 혜택을 누리는 것밖에 없습니다.

제350문 : 그렇다면 우리가 하나님의 아들의 몸을 하나님께 바치기 위한 목적으로 성찬이 제정된 것 아닙니까?

답 : 결코 그렇지 않습니다. 죄로 인해 몸을 바치는 특권은 영원한 대제사장인 그리스도께만 있는 것입니다. 그리고 그리스도가 하신 "받아서 먹으라"는 말씀의 의미가 바로 그런 것입니다. 그리스도는 우리에게 그리스도의 몸을 바치라고 명령하는 것이 아니라 다만 그리스도의 몸을 먹어야 한다고 의미한 것입니다(히브리서 5:10, 마태복음 26:29).

# 53. The Food for Our Souls

Q351 : Why do we use two signs?

A : In this the Lord consults our infirmity, as He would teach us more familiarly, that He is not only the food for our souls, but also the drink; that we may seek our spiritual life wholly in Him alone.

Q352 : Should all persons without exception equally use both?

A : So Christ commands; and it is the highest impiety for any one to derogate in any manner from that, by attempting any thing different.

Q353 : benefits, you mentioned, or are they therein, in very deed, given to us?

A : As Christ our Lord is truth itself, it is not to be doubted at all, but that He fulfills to us, at the same time, those promises which He gives to us therein, and adds its substance to the figure. Wherefore I do not doubt, but that as He is witnessed by words and signs, so He will make us partakers of His substance, that we may be united with Him in one life.

# 제53장 영혼의 양식

제351문 : 우리는 왜 두 가지 상징을 사용합니까?
답 : 두 가지 상징을 사용하심으로써 주님은 우리의 연약함을 살피십니다. 즉, 그리스도가 우리 영혼을 위한 양식이자 음료이므로 우리의 영적인 삶은 전적으로 그리스도에게서만 추구해야 한다는 사실을 더욱 친밀하게 가르치기 위함입니다.

제352문 : 모든 사람이 예외 없이 이 두 가지 다 사용해야 합니까?
답 : 그리스도는 그렇게 명령하십니다. 그래서 어떤 식으로든 성례를 무시하거나 다른 것을 사용하는 것은 가장 불경건한 일입니다.

제353문 : 우리는 성찬에서 지금까지 말한 혜택들에 대한 표지만을 얻게 됩니까? 아니면 그 혜택들이 진정으로 우리에게 주어지는 것입니까?
답 : 우리 주 그리스도는 진리 그 자체이므로 전혀 의심할 여지가 없고, 오히려 우리에게 하신 그러한 약속들을 이행하시며 상징에 실체를 더해주십니다. 그러므로 의심할 필요가 없고 말씀과 표지들을 통해 그리스도가 증거 되는 것처럼 그리스도의 실체에 참여하게 해 주심으로써 우리는 한 생명으로 그리스도와 연합하게 됩니다.

Q354 : But how can this be done, since the body of Christ is in heaven, and we are still sojourners on earth?

A : He effects this by the marvellous and secret influence of His Spirit; with whom it is easy to unite those things which are otherwise separated by a great distance of places.

Q355 : You do not suppose then that the body of Christ is enclosed in the bread, or his blood in the cup?

A : By no means; but I think this, that in order to possess the substance of the signs, our minds must be raised to heaven, where Christ is, and from whence we look for Him, the Judge and Redeemer. But it is wicked and useless to look for Him in these earthly elements.

Q356 : That we may sum up in one head the things which you have said: You assert that there are two things in the Supper, viz. Bread and wine, which are seen with the eyes, handled with the hands, and perceived by the taste; and finally that our souls spiritually feed upon Christ, as their own proper aliment.

A : Yes, truly; and therein is the resurrection of our bodies also confirmed to us, as by a given pledge, as they are made partakers of the symbol of life.

제354문 : 그리스도의 몸은 하늘에 있고 우리는 이 땅에서 순례자로 살고 있는데 어떻게 그런 일이 가능합니까?

답 : 그리스도는 경탄할 만하고 신비로운 성령의 능력을 통해 가능하도록 하십니다. 성령으로서는 엄청나게 먼 공간으로 분리되어 있는 두 사이를 잇는 것은 쉬운 일입니다.

제355문 : 그렇다면 그리스도의 몸이 떡에 포함되어 있거나 그리스도의 피가 잔에 포함되어 있다고 생각하는 것은 아닙니까?

답 : 결코 그렇게 생각하지 않습니다. 오히려 표지가 가지고 있는 실체를 지니기 위해서 우리의 생각은 그리스도가 계시는 하늘로 올라가서 그곳에서 그리스도를 심판주와 구속주로 찾아야 합니다. 반면에 땅에 속한 물질 속에서 찾는 것은 악하고 헛된 일입니다.

제356문 : 지금까지 말한 것을 우리는 이렇게 요약할 수 있겠군요. 성찬에는 두 가지, 즉 떡과 포도주가 있는데 눈으로 볼 수 있고, 손으로 만질 수 있고, 맛으로 느낄 수 있습니다. 그리고 결론적으로는 우리의 영혼이 그리스도를 영적 양식으로 삼게 됨으로써 영혼 고유의 자양분을 누리게 된다는 말이군요.

답 : 정말로 그렇습니다. 우리의 몸이 생명의 상징에 참여하게 될 때, 마치 맹세가 주어지는 것과 같이 이 성찬을 통해 부활이 우리에게 확증됩니다.

# 54. The Lawful Use of the Sacraments

Q357 : But what is the true and lawful use of this sacrament?
A : Such as Paul defines it to be: Let a man examine himself, and so let him eat of that bread and drink of that cup(1 Corinthians 11:28).

Q358 : What should be the object of this examination?
A : Whether he is a true member of Christ.

Q359 : By what evidence shall he know that he is a true member of Christ?
A : If he possesses true faith and repentance; if he exercises sincere love towards his neighbours; if his mind is free from all hatred and malice.

Q360 : But do you require in man perfect faith and charity?
A : Truly, it is necessary that both faith and charity be free from all hypocrisy. But among men no one will ever be found absolutely perfect. Therefore the Holy Supper would have been instituted in vain, if no one might partake of it who is not wholly perfect.

# 제54장 합당한 성례

제357문 : 그러면 성례를 참되고 바르게 사용하는 것은 어떤 것입니까?
답 : 사도 바울이 정의한 것처럼 자기를 살피고 떡을 먹고 잔을 마시는 것입니다(고린도전서 11:28).

제358문 : 이렇게 자기를 살핀다는 것은 무엇입니까?
답 : 자기가 그리스도의 참된 지체인지를 살피는 것입니다.

제359문 : 그리스도의 참된 지체라는 사실을 알기 위한 증거는 무엇입니까?
답 : 참된 믿음과 회개의 소유, 이웃에 대한 진정한 사랑, 그리고 증오와 악한 생각으로부터 떠나 있는 마음입니다.

제360문 : 그렇다면 신자에게 완전한 믿음과 사랑이 반드시 있어야 합니까?
답 : 정말로 그렇습니다. 위선이 전혀 없는 믿음과 자선 모두 꼭 필요합니다. 그러나 절대적으로 완전한 사람은 아무도 없습니다. 그러므로 우리가 전적으로 완전하지 못하다는 이유로 성찬에 참여할 수 없다고 한다면 거룩한 성찬은 헛되이 제정된 것이 됩니다.

Q361 : Should not the imperfection then, under which we here labour, prevent our coming to the Supper?

A : By no means, for if we were perfect, the Supper would have no further use among us, as it is appointed to be a help for relieving our weakness, and a refuge for our imperfection.

Q362 : Have not these two sacraments some other proposed end?

A : They are also marks, and as it were tokens of our profession. For in the use of them we profess our faith among men, and testify, that we have our mind in the religion of Christ.

Q363 : If any one should despise the use of these, in what estimation is he to be held?

A : This certainly would be judged to be an indirect denial of Christ; and certainly such an one, since he disdains to profess himself a Christian, is unworthy to be numbered among Christians.

Q364 : Is it sufficient to have received each sacrament once in a whole life?

A : One baptism is indeed sufficient, and this cannot lawfully be repeated: But with regard to the Supper it is different.

제361문 : 그렇다면 우리가 이 땅에서 겪는 불완전함 때문에 성찬에 나오지 못하는 일은 없어야 하는 것입니까?

답 : 결코 그런 일은 없어야 합니다. 왜냐하면 우리의 연약함을 해결하기 위한 도움과 우리의 불완전함을 위한 피난처로 정해진 것이 성찬이기 때문에 우리가 완전하다면 이 성찬은 우리 사이에서 더 이상 사용될 필요가 없을 것입니다.

제362문 : 이 두 성례가 가지고 있는 또 다른 목적은 없습니까?

답 : 이 두 성례는 표시의 목적이 있는데, 말하자면 우리의 신앙고백에 대한 표시입니다. 왜냐하면 성례를 사용함으로써 사람들 가운데서 우리의 신앙을 고백하고 우리 마음을 그리스도에 대한 신앙에 두기 때문입니다.

제363문 : 만약 누가 성례를 행하는 일을 무시한다면 그런 사람을 어떻게 판단해야 합니까?

답 : 그것은 분명히 그리스도를 부인하는 것으로 판단될 일입니다. 그렇게 하는 사람은 자신을 그리스도인으로 고백하는 것을 무시하는 사람이기 때문에 그리스도인으로 인정받을 가치가 없는 사람입니다.

제364문 : 세례와 성찬을 전 생애에 단 한 번만 받는 것으로 충분합니까?

답 : 세례는 정말로 한 번으로 충분한 것이며 반복될 수 없습니다. 하지만 성찬의 경우에는 다릅니다.

**Q365** : What is that difference?

  **A** : By baptism the Lord introduces and adopts us into His Church, and thenceforward considers us, as of His family: after He has written us in the number of His people, He testifies by the Supper, that He takes care of us, and nourishes us as His members.

**제365문 :** 세례와 성찬의 차이점은 무엇입니까?

**답 :** 하나님은 세례를 통해 우리를 하나님의 교회로 인도하여 입회하도록 하십니다. 또한 그럼으로써 우리를 하나님의 가족으로 여겨 주십니다. 하나님의 백성의 책에 우리를 기록해주신 후에는 성찬을 통해 우리를 돌보시고 하나님의 자녀들로 자라도록 양식을 공급하신다는 사실을 증명하십니다.

# 55. The Order in the Church

**Q366** : Does the administration of baptism and the Supper alike appertain to all?

**A** : By no means: for these are the peculiar duties of those to whom is committed the public office of teaching: for to feed the Church with the doctrine of salvation and to administer the sacraments are things united in a perpetual connection among themselves.

**Q367** : Are you able to prove that to me by the testimony of scripture?

**A** : Christ, indeed, gave the commission of baptizing expressly to the apostles; but in the celebration of the Supper, He commanded us to follow His example: and the Evangelists inform us, that He performed in that distribution the office of a public minister (Matthew 28:19, Luke 22:19).

**Q368** : But ought those pastors, to whom the dispensation of the sacraments is committed, generally to admit all persons without distinction?

**A** : As it respects baptism, since it is administered at the present day only to infants, all are to be admitted

## 제55장 교회의 질서

제366문 : 모든 신자가 똑같이 세례와 성찬을 거행할 수 있습니까?

답 : 아니오, 그럴 수 없습니다. 왜냐하면 성례는 교회에서 공적으로 설교하는 직분을 위임받은 사람들만 행할 수 있는 특별한 직무이기 때문입니다. 구원의 교리로 교회를 양육하는 일과 성례를 시행하는 일은 서로 영속적인 관계로 결합되어 있습니다.

제367문 : 성경의 증거를 통해 증명할 수 있습니까?

답 : 물론입니다. 그리스도께서 사도들에게 세례를 베풀 수 있는 권한을 주셨습니다. 그리고 성찬을 시행하는 일은 주님이 보여주신 본을 따르라고 명령하셨습니다. 그리고 복음서 저자들은 그리스도가 떡을 나누어 주시는 일을 통해서 공적인 목사의 직분을 수행하셨다고 말해줍니다(마태복음 28:19, 누가복음 22:19).

제368문 : 그렇지만 성례를 시행하도록 위임된 목사들은 사람들을 차별하지 않고 누구나 성례에 참여하도록 해야 합니까?

답 : 세례의 경우에는 현재 시점에서 오직 [영적인] 유아들에게만 베풀어지기 때문에 모든 사람이 차별 없이 받을 수 있습니다. 그러나 성찬을 시행함에 있어서는 성찬을 받을 자격이 없다고 명백히 알려진 사람이라면 누구든

without distinction: but at the Supper, the minister ought to take care not to communicate it to any one who is publicly known to be unworthy.

Q369 : Why not?
A : Because it cannot be done without a contempt and profanation of the sacrament.

Q370 : But did not Christ honour Judas, however impious, with the sacrament?
A : Yes, but his impiety was at that time secret; for although Christ Himself knew it, still it was not as yet known to man.

Q371 : What then shall be done with hypocrites?
A : The pastor has no power to reject them as unworthy; but he ought to wait till God so far reveals their iniquity, as that it becomes known to men.

Q372 : What if he should know or be informed, that some one was unworthy?
A : That would by no means be sufficient for rejecting him from the communion, unless there be first had a legitimate trial and judgment of the Church.

지 참여할 수 없도록 해야 합니다.

제369문 : 왜 참여할 수 없습니까?
답 : 그 이유는 성찬을 모욕하고 더럽히는 일이 되기 때문입니다.

제370문 : 하지만 그리스도께서는 불경건한 유다에게도 성찬에 참여하는 영광을 주시지 않았습니까?
답 : 네, 그렇게 하셨습니다. 그러나 유다의 경건치 못한 신앙은 그 당시에 드러나지 않고 감추어진 상태였기 때문입니다. 비록 그리스도께서는 알고 계셨다 할지라도 아직 사람들에게 알려질 정도로 드러나지는 않았기 때문입니다.

제371문 : 그러면 위선자들은 어떻게 해야 합니까?
답 : 목사는 적합하지 않다는 이유로 그런 위선자들을 거부할 권한이 없습니다. 다만 하나님이 그들의 악행을 드러내심으로써 사람들에게 알려지게 되기까지 기다려야 합니다.

제372문 : 만약 목사가 성찬을 받기에 부적합한 어떤 사람을 알게 되었거나 듣게 되었을 때는 어떻게 해야 합니까?
답 : 우선적으로 교회의 합법적인 재판과 판결이 없는 경우에는 그런 사람이라도 성찬을 금지할 만한 충분한 이유가 되지 못합니다.

**Q373 :** It is important then to have a certain order of government established in the Churches?

**A :** It is true; for otherwise they can neither be well established nor correctly governed. And this is the order; that Elders be chosen who may preside in the *Censura morum,* or superintend the discipline of mortals, and watch to correct small offences; and who shall reject from the communion, those whom they know to be without a capacity for receiving the Supper; and those who cannot be admitted without dishonouring God, and giving offence to the brethren.

- END OF THE CATECHISM

제373문 : 그러면 교회들 안에 어떤 제도적 질서가 세워지도록 하는 것은 중요한 일입니까?

답 : 네, 정말 중요합니다. 제도적인 질서가 없으면 교회가 제대로 세워질 수 없고 올바로 다스려질 수도 없습니다. 회의에서 신자들의 행동에 대한 질책을 담당하거나 치명적인 죄를 범한 신자들의 징계를 관리하고, 사소한 범죄들을 바로잡도록 감독할 장로들이 선출되어야 합니다. 그래서 장로들은 성찬을 받을 자격이 없다고 판단되는 신자들, 그리고 하나님의 명예를 손상시키거나 형제들에게 상처를 준 일은 없지만 성찬에 참여해서는 안되는 신자들이 성찬에 참여하지 못하도록 해야 합니다. 그것이 바로 교회에 필요한 제도적 질서입니다.

- 요리문답 끝